www.ingramcontent.com/pod-product-compliance
Lightning Source LLC
LaVergne TN
LVHW010819051026
849532LV00007B/2578
9789369086535

شعری بصیرت

(تحقیقی و تنقیدی مقالے)

مرتبہ:

سید حیدرآبادی

© Taemeer Publications LLC
She'rii Baseerat *(Literary Essays)*
by: Syed Hyderabadi
Edition: December '2025
Publisher :
Taemeer Publications LLC (Michigan, USA / Hyderabad, India)

ISBN 978-93-6908-653-5
9 789369 086535

کتاب	:	**شعری بصیرت**
مرتب	:	**سید حیدرآبادی**
بہ تعاون	:	سیاست ڈاٹ کام ویب سائٹ
صنف	:	تحقیق و تنقید
ناشر	:	تعمیر پبلی کیشنز (حیدرآباد، انڈیا)
سالِ اشاعت	:	۲۰۲۵ء
صفحات	:	۱۱۸
سرورق ڈیزائن	:	تعمیر ویب ڈیزائن

فہرست

پیش لفظ

اردو شاعری کا دامن صدیوں سے ثقافت، تہذیب اور انسانی جذبات کی رنگا رنگ بستیوں کو سمیٹے ہوئے ہے، جہاں ہر شاعر نے اپنی منفرد آواز، فکر اور اسلوب سے کائناتِ معنی میں نئے چراغ روشن کیے ہیں۔ یہ صرف الفاظ کا کھیل نہیں، بلکہ ایک ایسا وسیع سمندر ہے جہاں روایت کی گہرائیاں اور جدیدیت کی لہریں باہم ملتی ہیں۔ اردو غزل ہو یا نظم، ہر صنف نے زمانے کے تقاضوں کے مطابق خود کو ڈھالا ہے اور معاشرتی مسائل، عشق حقیقی و مجازی، فلسفہ حیات، اور انسانی رشتوں کی نزاکتوں کو بیان کرنے کا ایک مؤثر ذریعہ بنی ہے۔ اس زبان میں جہاں میرؔ کی درد و غم کی داستانیں ہیں، وہیں غالبؔ کی فلسفیانہ گہرائیاں اور اقبالؔ کی خودی کا ولولہ انگیز پیغام بھی موجود ہے۔ اردو شاعری صرف شاعر کے قلبی واردات کا آئینہ نہیں بلکہ یہ اپنے دور کی سماجی، سیاسی، اور فکری کشمکش کی بھی عکاس ہے۔ اس نے ہمیشہ روایتی اور انقلابی سوچ کے درمیان ایک پل کا کردار ادا کیا ہے، جہاں قدیم اساتذہ کی طرزِ بیاں کی پاسداری کی گئی ہے، وہیں جدید شعراء نے نئے فکری زاویے اور موضوعاتی وسعتیں بھی عطا کی ہیں۔ یہ زبان برِصغیر کی گنگا جمنی تہذیب کی سچی ترجمان ہے، جس نے مختلف مذاہب، ثقافتوں، اور لسانی پس منظر رکھنے والے افراد کو ایک لڑی

میں پرویا ہے۔ اردو شاعری نے نسل در نسل اخلاقی اقدار، انسانیت دوستی اور محبت کا درس دیا ہے، اور ہمیشہ ظلم و جبر کے خلاف آواز اٹھانے کا حوصلہ بخشا ہے۔ اس کی یہی عالمگیر اپیل اور لچک ہے جو اسے آج بھی زندہ و تابندہ رکھے ہوئے ہے، اور یہ روایت مسلسل ارتقائی مراحل سے گزرتی ہوئی اپنی اہمیت کو ثابت کر رہی ہے۔

"شعری بصیرت: ادبی مقالات" اسی عظیم روایت کی فکری چھان بین ہے۔ اس کتاب میں شامل تیرہ مقالات اردو کے ممتاز شعراء اور ان کی شاعری کے تحقیقی و تنقیدی پہلوؤں پر روشنی ڈالتے ہیں۔ ڈاکٹر محی الدین حبیبی کا مقالہ علامہ اقبال کے نظریہ شعر کی گہرائیوں میں اتر کر ان کی 'خودی' اور 'حریت' کے فلسفے کو واضح کرتا ہے۔ صابر علی سیوانی نے فنا نظامی کانپوری کی عوامی شاعری اور ان کی خودداری کے اوصاف کو نمایاں کیا ہے، جبکہ ڈاکٹر امیر علی کا ایک مقالہ ساحر لدھیانوی کی ترقی پسندانہ سوچ، امن پسندی اور فلمی نغمہ نگاری میں ان کے گرانقدر کردار کا جائزہ لیتا ہے۔ سعید حسین نے علامہ اقبال کی شعری زبان کے ارتقائی سفر، ان کے وسیع مطالعہ اور فکری آفاقیت کا تجزیہ پیش کیا ہے۔ محمد نصر اللہ خان نے مومن خان شوق کی شخصیت اور شاعری کو حیدرآباد کی ادبی فضا میں پرکھا ہے، ان کی رومانیت، معاشرتی شعور اور خدمات کا اعتراف کیا ہے۔ ڈاکٹر امیر علی کا دوسرا مقالہ مجروح سلطانپوری کی غزل گوئی میں ترقی پسندی کے اثرات اور ان کی فلمی گیت نگاری کے ادبی معیار کو اجاگر کرتا ہے۔ ڈاکٹر ماجد دیوبندی کا مضمون ملک زادہ منظور احمد کو ایک بے مثل ناظم، مفکر اور اردو زبان کے شفیق سپہ سالار کے طور پر پیش کرتا ہے۔ ظفر

عالم قاسمی نے غالب کے ایک شعر کی تفہیم کرتے ہوئے انسانیت، اخلاق اور مادی دنیا کی کشمکش پر فلسفیانہ بحث کی ہے۔ ظفر سعیدی نے مہاراجہ سرکشن پرشاد شاد کی سیکولر شخصیت، ان کی انسانیت نوازی اور آصف جاہی دور کی شعری خدمات کا احاطہ کیا ہے۔ پروفیسر مجید بیدار نے حضرت امیر خسرو کو تکثیری سماج کے نمائندہ شاعر کے طور پر پیش کیا ہے، جنہوں نے ہندوستانی اور فارسی عناصر کو ملا کر اردو کی بنیاد رکھی۔ عمرو بن حسین نے میراجی کی فکری گہرائیوں، ہندوی عناصر اور ان کی نظموں میں نفسیاتی اثرات کا مطالعہ کیا ہے۔ ندا فاضلی کی شاعری میں انسانی رشتوں کی نزاکتوں اور شہری زندگی کے تنہائی کے درد کو صابر علی سیوانی نے خوبصورتی سے بیان کیا ہے۔ آخر میں، آشوتوش شریواستو نے عرفان صدیقی کی غزل گوئی کے جدید فکری زاویوں اور ان کے عشق حقیقی کے متنوع شیڈز کو پیش کرتے ہوئے ان کی انفرادیت کو واضح کیا ہے۔

یہ تمام مقالات اردو شاعری کے وسیع و عمیق میدان میں قاری کو ایک نئی بصیرت عطا کرتے ہیں۔

ا

علامہ اقبال کا نظریۂ شعر

ڈاکٹر محی الدین حبیبی

حقیقی شاعری، وارداتِ قلبی کی آئینہ دار ہوتی ہے۔ یہ واردارت، دراصل باطنی تجربہ ہوتی ہے جس کو شاعر "ظاہر" میں "تجربہ" بنا کر پیش کرتا ہے۔ اس "تجربہ" کی ترسیل کے دوران اس پر ایک شخصیت طاری ہوتی ہے جو الفاظ واصوات کا لبادہ پہن کر معنی آفرینی کا ایک عالم وجود میں لاتی ہے جس سے قاری کو "غیر محسوس" شئے "محسوس" اور "محسوس شئے" منور لگتی ہے اس لئے میں شاعری کو ایک "دانش نورانی" بھی کہنا چاہوں گا۔ ہر شاعر کا ایک نظریہ شعر ہوتا ہے جو اس کی تمام شاعری پر حاوی ہوتا ہے۔ حافظ، جامی اور خسرو کے ہاں "عشق" فوقیت رکھتا ہے۔ میر کے ہاں بھی عشق کی پرچھائیاں ملتی ہیں لیکن غالب کی طرح کا اغراق نہیں پایا جاتا۔ داغ کے ہاں "شوخی، کا عنصر بالادستی رکھتا ہے۔ علامہ اقبال کے ہاں عشق اپنی انتہا کا طلبگار ہے۔ وہ تو معشوق کا سامنا چاہتے ہیں۔ جہاں تک اقبال کے نظریہ شعر کا تعلق ہے وہ خود کہتے ہیں۔

نہ زباں کوئی غزل کی نہ زباں سے باخبر میں

کوئی دلکش صدا ہو، عجمی ہو کہ یا تازی

گویا "زبان و بیان" جب شعری سانچوں میں ڈھلتے ہیں۔ شاعر خصوصاً عصری حسیت کے حامل شاعر پر ایک کیف و سرور کا عالم حاوی ہو جاتا ہے اور قدر و اقدار سے بے نیاز ہو کر دلکش و دلنواز حروف و اصوات کی ترتیب و تہذیب سے "شعری تلفیظ" تخلیق کرتا ہے، یہ اصوات کا مجموعہ ہی بقول غالب "گنجینہ معنی کا طلسم" ہوتا ہے جس کی سحر آفرینی میں کہاں لسانیاتی سانچے اور کہاں بیانیہ انداز کے خصائص۔ کیسی صنف شاعری اور ہئیت شعری، بس ایک معنیات کی کائنات ہوتی ہے جو تخلیق کے مرحلہ طئے کرتی ہے۔ اس جہاں معنی کیلئے شعری پیمانے اور اوزان اصنافی لگتے ہیں۔ بے خودی، خود رفتگی، سحر زدہ کیفیت، خرد سے بہت آگے وجدان اور ماورئیت سے متعارف ہونا پڑتا ہے جس کے تئیں یہ معلوم کرنا پڑتا ہے کہ یہ کیسی صدائے پرسوز، نشاط انگیز ہے کہ خودی فنا ہو رہی ہے۔ جان کے ٹکڑے ٹکڑے ہو رہے ہیں اور عقل گم ہوئی جاتی ہے اور جنوں سایہ فگن ہو جاتا ہے۔

یہ کون غزل خواں ہے پرسوز و نشاط انگیز

"اندیشہ دانا" کو کرتا ہے جنوں آمیز

علامہ اقبال کا شعری نظریہ فکری ماورائیت کے پیام کا مظہر ہے۔ وہ غیر معمولی تنقیدی شعور سے متصف تھے۔ ان کے ہاں شعر کی مقصدیت کو اولیت حاصل تھی۔ اقبال کے ہاں شاعری برائے شاعری نہیں تھی بلکہ وہ "شاعری برائے زندگی" کے قائل تھے بلکہ اس کے رازہائے درون خانہ کے پردے بھی اٹھا دیتے تھے۔ گویا وہ "ادب برائے زندگی" کے بڑے موئید اور متحرک ہی نہیں جہد کار

تھے۔ ان کی تمام شاعری کو اجتہادی شاعری کہا جاسکتا ہے۔ "ثبات و سکون" ان کے ہاں مفقود تھا۔ "حرکت اور جہد کاری" ان کا مقصد اعلیٰ تھا۔ چنانچہ اپنی کتاب "تجدید فکریات اسلام" میں وہ یوں رقم طراز ہیں۔

"میری حیات باطنی میں سکوت نام کی کوئی چیز نہیں سب کچھ حرکت پیہم ہے۔ حالتوں کا ایک منقطع نہ ہونے والا بہاؤ ایک ایسا دائمی دھارا جس میں قیام و قرار کی نام کی کوئی چیز نہیں۔ تاہم زمان کے بغیر مسلسل کا تصور نہیں۔ ہمارے باطنی تجربے کی ماہیت کے بارے میں گہرے علم سے یہ ظاہر ہوتا ہے کہ نفس انسانی اپنی حیات باطنی میں مرکز سے خارج کی طرف حرکت زن ہوتا ہے۔ لہذا یہ کہا جاسکتا ہے اس کے دو رخ ہیں جو "بصیر" اور "فعال" کے طور پر بیان کئے جاسکتے ہیں"۔ اپنے نظریہ شعر کے مطابق وہ فطرت شاعر میں "جستجو" اور "تلاشِ امکانات" کو دیکھنا چاہتے ہیں۔

فطرت شاعر سراپا جستجو است
خالق و پروردگار آرزو است

اور اگر اس طرح کا شاعر ملت کو میسر نہ ہو تو اس کو ایک مٹی کا ڈھیر تصور کرتے ہیں۔

شاید اندر سینۂ ملت چوں دل
ملت بے شاعرے انبار گل

وہ شاعری کیلئے "سوز و مستی" کو ایک لازمی عنصر مانتے ہیں کہ اس کے بغیر شاعری کا ماتم ہی کرنا پڑتا ہے۔

سوز و مستی نقش بند عالمے است

شاعری بے سوز و مستی ماتمے است

"انسانیت "کا درس دیتے ہوئے کہتے ہیں کہ اگر شعر کا مقصد ادم گری بھی ہو تو وہ شاعری گویا پیغمبری کی وراثت کی حقدار ہو گی ورنہ شاعر کو وارث پیغمبری قرار نہیں دیا جاسکتا۔

شعر را مقصود اگر، آدم گری است

شاعری ہم وارث پیغمبری است

اس بات کو دوسری جگہ "اصل تہذیب احترام آدم است "یعنی اصل تہذیب آدمیت کا یا انسانیت کا احترام، کیا ہے۔ اس کے علاوہ ان کے کلام میں ہمیں کئی جگہ جلال و جمال کی آمیزش نظر آتی ہے جو ایک حرکیاتی پیام کے تحت ہمیشہ نئے امکانات اور اجتہادی تجربات کی دعوت دیتی ہے۔

***

۲

فنا نظامی کانپوری کی میزان شاعری

صابر علی سیوانی

مشاعرے ہماری تہذیب کی نہ صرف علامت تصور کئے جاتے ہیں بلکہ اردو زبان کے فروغ و ارتقاء میں مشاعروں کا اہم رول رہا ہے۔ مشاعروں کے پڑھے جانے والے کلام ان تخلیقات سے کسی حد تک مختلف ہوتے ہیں جو معیاری رسائل و جرائد میں شائع ہوتے ہیں یا یوں کہا جائے تو زیادہ بہتر ہو گا کہ بیشتر مشاعرے کے شعراء ایسے ہوتے ہیں جو صرف اسٹیج پر ہی اپنا کلام سنانا پسند کرتے ہیں اور اسی وجہ سے اُردو دنیا میں ان کی شناخت ہوتی ہے جبکہ ایسے تخلیق کار جو صرف جرائد و رسائل میں اپنی تخلیقات شائع کراتے ہیں۔ وہ اسٹیج کی شاعری سے خود کو دور رکھنا چاہتے ہیں لیکن ایسے شاعروں کی تعداد بھی کم نہیں ہے جو دونوں جگہوں پر اپنی موجودگی درج کرانا ضروری سمجھتے ہیں اور وہ دونوں جگہوں پر کامیابی سے ہمکنار ہوتے ہیں۔ یہ بات بھی درست ہے کہ چاہے کتنا بھی اچھا شاعر کیوں نہ ہو اگر وہ اسٹیج کی شاعری سے کلی طور پر وابستہ ہو جاتا ہے تو اسے ادب عالیہ کی تخلیق کرنے والے فنکار مشاعروں کا شاعر کہہ کر اسے قابل اعتناء نہیں سمجھتے ہیں۔ ایسے شعراء

کی ایک طویل فہرست ہے جو بہترین شعر تخلیق کرتے ہیں اور مشاعروں کی وجہ سے انہیں شہرت حاصل ہے۔ ماضی قریب اور ماضی بعید میں بھی ایسی مثالیں ملتی ہیں۔ ایسے بہت سے نامور شعراء کی فہرست میں جگر مراد آبادی، خمار بارہ بنکوی وغیرہ آتے ہیں۔ انہیں شعراء میں سے ایک نام فنا نظامی کانپوری کا بھی ہے۔

فنا نظامی کانپوری کو ان کے پڑھنے کے منفرد انداز کی وجہ سے جانا جاتا ہے، وہ ترنم میں بھی کلام سنایا کرتے تھے۔ وہ صرف مشاعرے کے مقبول شاعر تھے اور اسی وجہ سے انہیں شہرت حاصل ہوئی۔ ان کے بہت سے اشعار اج بھی لوگوں کے دلوں میں محفوظ ہیں۔ فنا نظامی کانپوری کا نام مرزا نثار علی بیگ تھا اور فنا تخلص کرتے تھے۔ فنا کی پیدائش ۱۹۲۲ء میں کانپور میں ہوئی۔ ابتدائی تعلیم مدرسے میں ہوئی اور وہ صرف دین تعلیم کے حصول پر اکتفا کر گئے۔ مذہبی کتابوں کا مطالعہ کیا اور عربی، فارسی اور اردو کی بنیادی کتابوں کا مطالعہ کیا۔ شعراء کے دوابین سے استفادہ کیا اور اس طرح باقاعدہ طور پر شاعری کی حسین دادی میں داخل ہوگئے جس وقت وہ کانپور میں تھے تو وہیں مذاق شعراء سے شغف حاصل ہوا۔ چھوٹی چھوٹی ادبی نشستوں میں کلام سناتے رہے اور بعد میں مقامی شاعروں میں شرکت کرنے لگے۔ چونکہ ان کی آواز اچھی تھی اور تحت میں بھی اچھی طرح اور ٹھہر ٹھہر کر اشعار سناتے تھے۔ اس لئے رفتہ رفتہ انہیں مقبولیت حاصل ہونے لگی اور ۶۰ء کی دہائی میں انہیں ہندوستان گیر پیمانے پر شہرت حاصل ہوئی۔ ۸۰ کی دہائی میں حیدرآباد کسی مشاعرے میں شرکت کی غرض سے آئے تھے۔ اس مشاعرے میں خمار بارہ بنکوی بھی شامل تھے۔ اس مشاعرے کی ریکارڈنگ نیٹ پر موجود ہے۔ اس موقع پر ایک

غزل جو انہوں نے سنائی تھی، وہ بہت پسند کی گئی، وہ غزل واقعی مشاعرے میں پسند کی جانے والی غزل تھی۔ اس غزل کے چند شعر نقل کرنا مناسب معلوم ہوتا ہے کہ فنا کی شاعری کا جو خاص طنطنہ، آہنگ اور رنگ تھا، اس سے قارئین واقف ہو سکیں۔ یہ غزل خودداری، انا پسندی اور انسانی اقدار کی پاسدار ہے۔

نااہلوں میں پینا پلانا میرے بس کی بات نہیں
لیکن پیاسوں کو ترسانا میرے بس کی بات نہیں
آنکھ اٹھا کر میں تو نہ دیکھوں جس سے میرا دل نہ ملے
سب سے رسماً ہاتھ ملانا میرے بس کی بات نہیں

فنا نظامی کانپوری ایک قدم آگے بڑھ کر صاف طور پر یہ کہتے ہیں کہ جس سے ان کا دل نہیں تھا، اس سے رسماً سہی ہاتھ ملانا پسند نہیں کرتے۔ وہ یہ بتانا چاہتے ہیں کہ اگلے کو اس بات کا احساس ہو جانا چاہئے کہ اس سے دل نہیں ملتا ہے، اس لئے ہاتھ ملانا بھی گوارہ نہیں ہے، فنا کی اس غزل کے یہ اشعار ہیں

تو چاہے تو بھر دے داتا، تو چاہے تو خالی رکھ
اور کہیں دامن پھیلانا، میرے بس کی بات نہیں
سب کے دن سے وہ واقف ہے بیش و کم کا شکوہ کیا
ساقی پر الزام لگانا، میرے بس کی بات نہیں
موسم گل ہی کیا ہے ضروری، فصل خزاں میں بھی لیں گے
اہل چمن کے ناز اٹھانا، میرے بس کی بات نہیں
اہل زر سے کوئی یہ کہہ دے، خودداری بھی دولت ہے

اپنے سرمائے کو لٹانا، میرے بس کی بات نہیں
اشکوں سے کیونکر سمجھاؤں اپنے دل کا حال اسے
پانی پر تصویر بنانا، میرے بس کی بات نہیں

فنا کی یہ پوری غزل احساس خودداری، احساس تشکر اور احساس تفاخر کی خوبصورت عکاسی کرتی ہے۔ وہ کسی کے سامنے ہاتھ پھیلانے، خدا کے علاوہ کسی سے اپنے درد کے ازالے کی سبیل پیدا کرنے کی التجا کرنے اور اہل چمن کے ناز اٹھانے سے صاف انکار کرتے ہیں۔ خودداری کو ایک بیش بہا دولت بتاتے ہیں اور اس سرمائے کو لٹانا اپنی توہین قرار دیتے ہیں۔ شاعر کا یہ احساس ہمیں خوددار، خودشناس، خود کفیل ہونے کی دعوت دیتا ہے اور قناعت پسندی سے کام لینے کا درس دیتا ہے۔ فنا نے اس غزل میں کئی علامتوں کا استعمال کیا ہے مثلاً ساقی کو رازق مطلق، خزاں کو تنگ دستی، اہل چمن کو صاحب ثروت کے معنوں میں استعمال کیا ہے۔ واحد متکلم کے صیغے میں اپنی بات کہہ کر شاعر نے ایک خوبصورت زندگی گزارنے کا پیغام دیا ہے۔ یہاں واحد متکلم کے صیغے کے پردے میں فنا کے جمع متکلم کے دل کی بات کہہ دی ہے۔

فنا نظامی کے بعض اشعار ایک ملت سے ضرب المثل کے طور پر استعمال ہوتے آئے ہیں۔ یہ اشعار زندگی کے ان تلخ وشیریں تجربات کا نچوڑ ہیں، جو ہر شخص کسی نہ کسی انداز سے اپنی زندگی میں محسوس کرتا ہے۔ ایسا نہیں ہے کہ فنا نے یہ موضوع پہلی بار اپنی تخلیقات کے ذریعے پیش کیا ہے لیکن جب جس ڈھنگ اور آہنگ کے ساتھ پیش کیا ہے، اس سے ان کی انفرادیت کی راہ ضرور ہموار ہوتی ہوئی نظر آتی

ہے، مثلاً دوستوں کی ستم ظریفی اپنوں کی بے وفائی اور دھوکہ دہی سے پہنچنے والے نقصانات کی بات۔ فنا کا کمال یہ ہے کہ انہوں نے دشمنوں کی فہرست میں دوستوں کے نام بھی گنا دیئے ہیں اور اس انداز سے گنائے ہیں کہ دوستوں کے اصلی چہرے، جو پوشیدہ تھے، سامنے آ گئے ہیں۔

ترتیب دے رہا تھا میں فہرست دشمناں
یاروں نے اتنی بات پہ خنجر اٹھا لئے

احمد فراز کا ایک نہایت مشہور شعر ہے جس میں انہوں نے اس شخص کا شکوہ کیا ہے جو جاتے جاتے تمام مراسم اور سلسلے منقطع کر کے چلا گیا، تھوڑی بھی گنجائش نہیں رکھی۔

سلسلے توڑ گیا وہ سبھی جاتے جاتے
ورنہ اتنے تو مراسم تھے کھاتے جاتے

فنا نظامی کا ایک ضرب المثل شعر ہے جو ربط و تعلقات کی نزاکتوں کو بخوبی اجاگر کرتا ہے، تعلقات بنتے بنتے زمانہ گزر جاتا ہے جبکہ اسے توڑنے کے لئے صرف ایک لمحے کی ضرورت ہوتی ہے لیکن اس کے لئے سوچتے سوچتے پوری زندگی گزر جاتی ہے۔ ایک بار تعلقات ٹوٹ گئے تو ریشم کے تار کی طرح اُلجھ جاتے ہیں جس کے سمجھانے میں پوری حیات مستعار صرف ہو جاتی ہے۔ اسی مفہوم کو فنا کا یہ شعر ابڑی خوبصورتی سے ادا کرتا ہے:

ترک تعلقات کو اک لمحہ چاہئے
لیکن تمام عمر مجھے سوچنا پڑا

انسان کی تلاش آسان کام نہیں ہے کیونکہ سیکڑوں لوگوں میں ایک انسان پایا جاتا ہے جو انسانیت کی صفت سے پوری طرح منصف ہوتا ہے، فنا کا خیال ہے کہ ابھی تو پھر بھی انسانوں کی تلاشی ممکن ہے لیکن ایک وقت آئے گا کہ انسان ڈھونڈنے سے بھی نہیں ملے گا اور انسان کی تلاش کو انسان جائے گا۔

دنیا میں ایسا وقت پڑے گا کہ ایک دن
انسان کی تلاش میں انسان جائے گا

فنا کا بھی ایک شعر اقبال کے اس شعر کی تفسیر پیش کرتا ہے۔ فنا زندگی کو جہد مسلسل کا نام دیتے ہیں اور جو زندگی کے سفر میں آرام کا خواہاں ہوتا ہے تو آرام کرنے کے بعد وہ اور بھی زیادہ تھک جاتا ہے۔ اس لئے زندگی میں مسلسل سفر کرتے رہنا چاہئے۔ منزل ایک نہ ایک دن قدم ضرور چومتی ہے۔ فنا کے اس شعر پر نظر ڈالئے۔

زندگی نام ہے اک جہل مسلسل کا فنا
راہرو اور بھی تھک جاتا ہے آرام کے بعد

فنا کے متعدد اشعار جو زندگی کی حقیقتوں کو بڑی عمدگی سے پیش کرتے ہیں، لوگوں کو ازبر ہو چکے ہیں۔ ان میں چند کا ذکر ضروری معلوم ہوتا ہے، ملاحظہ کیجئے یہ اشعار:

آج اس سے میں نے شکوہ کیا تھا شرارتاً
کس کو خبر تھی اتنا برا مان جائے گا
اک تجھ کو دیکھنے کے لئے بزم میں مجھے

اوروں کی سمت مصلحتاً دیکھنا پڑا

میں اس کے سامنے سے گزرتا ہوں اس لئے
ترکِ تعلقات کا احساس مر نہ جائے

شب ہوں گے اس سے اپنے تعارف کی فکر میں
مجھ کو میرے سکوت سے پہچانا جائے گا

اک تشنہ لب نے بڑھ کر جو ساغر اٹھالیا
ہر بوالہوس نے میکدہ سر پر اٹھالیا

موجوں کی اتحاد کا عالم نہ پوچھئے
قطرہ اٹھا اور اٹھ کے سمندر اٹھالیا

میں ایسا بدنصیب کہ جس نے ازل کے روز
پھینکا ہوا کسی کا مقدر اٹھالیا

ساحل کے تماشائی ہر ڈوبنے والے پر
افسوس تو کرتے ہیں امداد نہیں کرتے

میخانہ ہستی میں میکش وہی میکش ہے
سنبھلے تو بہک جائے بہکے تو سنبھل جائے

رِند جنت میں جا بھی چکے
واعظ محترم رہ گئے

***

۳

ساحر لدھیانوی : امن اور محبت کا شاعر و نغمہ نگار

ڈاکٹر امیر علی

ساحر لدھیانوی جدید دور کے ایک ممتاز اور اہم شاعر ہیں۔ اردو کے ترقی پسند شاعروں اور ادیبوں میں وہ خاص مقام و مرتبہ رکھتے ہیں۔ اردو ادب میں جدید نظم کی صنف کو فروغ دینے اور اس کو پروان چڑھانے میں ساحر نے اہم رول ادا کیا ہے، جس کے نقوش آج بھی موجود ہیں۔ اس کے علاوہ صنفِ غزل اور گیتوں کو بھی انہوں نے نیا آہنگ عطا کیا ہے۔ ساحر آن خوش نصیب شاعروں میں سے ہیں جن کی قدر شناسی میں اُن کے مداحوں اور ادب دوستوں نے اُن کی شخصیت اور شاعری کی قدر کی اور اس کے علاوہ تنقید نگاروں اور نقادوں نے بھی ساحر کے کلام کو پسند کیا ہے اور ان کی شخصیت سے کافی متاثر ہوئے ہیں۔ فلمی گیت کار کی حیثیت سے بھی ساحر نے عوام کے قریب ہوئے اور عزت، شہرت اور دولت کمائی تھی مگر انہوں نے ہمیشہ غریبوں، مزدوروں، مظلوموں اور بے سہارا لوگوں کی حمایت اور مدد کیلئے اپنی ساری زندگی وقف کردی تھی۔ ساحر نے ۸ مارچ ۱۹۲۱ء کو لدھیانہ (پنجاب) کے ایک جاگیردار گھرانے میں آنکھ کھولی تھی۔ پہلی نرینہ اولاد ہونے کی وجہ سے

ان کی پیدائش پر بڑا جشن منایا گیا تھا۔ والدین نے قرآن مجید دیکھ کر عبدالحئ نام تجویز کیا۔ ساحر لدھیانوی کے اجداد قوم کے گوجر تھے۔ ان کے دادا فتح محمد لدھیانہ کے ایک بہت بڑے زمیندار تھے۔ سیکھے وال اور اس کے نواح میں ان کی بہت بڑی زمینداری تھی اور ان کا شمار علاقے کے بڑے رئیسوں اور جاگیرداروں میں ہوتا تھا۔ ساحر کے والد کا نام چودھری فضل محمد ہے۔ ساحر کی والدہ سردار بیگم کشمیر انسل خاتون تھیں۔ ساحر کے نانا عبدالعزیز بہت بڑے ٹھیکے دار تھے۔ ان کی اولاد میں دو لڑکے محمد شفیع، عبدالرشید اور دو لڑکیاں شاہ بیگم اور سردار بیگم تھیں۔ ساحر کی والدہ سردار بیگم ان سب میں چھوٹی تھیں۔

لدھیانہ جسے ساحر کا مولد ہونے کا فخر حاصل ہے اسی نام کے ضلع کا صدر مقام اور ریاست پنجاب کا ایک اہم صنعتی اور تجارتی مرکز رہا ہے۔ اس کے علاوہ یہ علاقہ علم و ادب کا گہوارہ بھی ہے۔ یہ شہر دریائے ستلج سے ۱۱ کیلومیٹر کے فاصلے پر بڈھا نالہ کے کنارے پر واقع ہے۔ کہا جاتا ہے کہ یہاں پہلے "میر ہوتا" نام کا ایک چھوٹا سا قصبہ تھا۔ لودھی شہنشاہوں نے اس مقام پر ایک بڑا شہر آباد کیا۔ اس نسبت سے شہر کا نام لدھیانہ مشہور ہوا جو بعد میں کثرتِ استعمال سے لدھیانہ ہو گیا ہے۔ ساحر نے اس شہر کے جس تہذیبی اور سماجی ماحول میں آنکھ کھولی تھی وہاں ایک طرف زوال یافتہ جاگیرداریت کی فرسودہ باقیات تھیں تو دوسری طرف انگریز سامراج کے زیر سایہ ایک نیم سرمایہ دارانہ صنعتی نظام تشکیل پا رہا تھا۔ ایک طرف انگریزوں کے وفادار رئیس اور زمیندار تھے جو غریب کسانوں اور مزدوروں کا خون چوس کر اپنے عیش و نشاط اور تفریح کا سامان مہیا کرتے تھے اور دوسری طرف وہ بے زمین کسان

اور مزدور تھے جنہیں پیٹ بھر روٹی بھی مشکل سے میسر آتی تھی۔ ملک میں مختلف صنعتوں کے قیام کے بعد انہی کسانوں کی اولاد کارخانوں میں کام کرنے لگی تھی اور مزدوروں کا ایک طبقہ جنم لے رہا تھا اور اسی کے ساتھ متوسط طبقے کے وہ نوجوان تھے جو انگریزی تعلیم پاکر سیاسی اور سماجی اعتبار سے زیادہ باشعور ہوگئے تھے۔

ساحر کے والد چودھری فضل محمد بھی ان تمام عادات وصفات کے حامل تھے جو عام جاگیر دار طبقے کے افراد سے مخصوص تھیں۔ دوسرے زمینداروں کی طرح وہ بھی رعیت اور کسانوں پر ہر طرح کی زیادتیوں کو روا رکھتے اور خود ہمہ وقت عیش و عشرت میں مگن رہتے تھے۔ جب داد عیش دینے کیلئے زمینداری کی آمدنی ناکافی ہونے لگی تو انہوں نے موروثی جائیداد کو کوڑیوں کے دام میں فروخت کرنا شروع کردیا تھا۔ ساحر کی والدہ جنہوں نے ایک جداگانہ ماحول میں نشو ونما پائی تھی اس طرز زندگی سے مطابقت پیدا نہیں کرپائیں۔ ساحر کی والدہ نے اپنے شوہر کو اس روش سے ہٹانے کی بہت کوشش کیں مگر وہ اس میں کامیاب نہیں ہوئیں۔ آخر کار مایوس ہوکر اپنے شوہر سے ترک تعلق کرلیا اور ساحر کے ہمراہ اپنے بھائی کے گھر منتقل ہوگئیں۔ اس وقت ساحر کی عمر صرف چھ (۶) ماہ کی تھی۔ ساحر کے والد نے اپنی زمین کے قیمتی قطعات فروخت کردیئے تھے اور یہ سلسلہ مزید جاری تھا۔ قانونی طور پر موروثی جاگیر کی آمدنی سے وہ متتمع ہوسکتے تھے لیکن اسے فروخت کرنے کا حق انہیں حاصل نہ تھا۔ چنانچہ ساحر کی والدہ نے عدالت میں شوہر کے خلاف نالش کردی اور درخواست کی کہ ان کے شوہر کو موروثی جائیداد فروخت کرنے سے باز رکھا جائے اور جو زمینات غیر قانونی طور پر فروخت کی جاچکی ہیں، انہیں واپس

دلوایا جائے۔ یہ مقدمات عدالت میں ۱۸ سال تک چلتے رہے۔ ساحر کی والدہ کا قیمتی اثاثہ اور زیور سب مقدمہ بازی کی نذر ہو گیا۔ مگر انہوں نے آخری وقت تک مقدمات کا سامنا کیا اور متنازعہ فیہ زمینوں کے بعض خریداروں سے رقم لیکر انہیں راضی نامے لکھ دیئے اور ان پیسوں سے مقدموں کے اخراجات اور گھر کے خرچ کی تکمیل کرتی رہیں۔ کہا جاتا ہے کہ کئی سو ایکڑ قیمتی اراضی پر مشتمل تقریباً ۳۷ اقطعات کو ساحر کے والد نے کوڑیوں کے مول بیچ ڈالے تھے اور جو زمین ان کے قبضے میں تھی وہ اس سے کہیں زیادہ تھی۔ ساحر کے والد کا شمار لدھیانہ (پنجاب) کے رئیسوں اور جاگیر داروں میں ہوتا تھا۔ عدالت میں مقدمات کی وجہ سے لوگ ساحر کی والدہ کے دشمن ہو گئے تھے جنہوں نے ناجائز طور پر زمین خریدی تھی۔ ساحر کی والدہ کو ہمیشہ یہ خوف لاحق ہوتا تھا کہ کہیں ان کے بیٹے کی زندگی خطرے میں نہ پڑ جائے۔ اس لئے انہیں اکیلے گھر سے باہر جانے نہیں دیتی تھیں۔ جب ساحر تعلیم پانے کی عمر کو پہنچے تو انہیں مالوہ خالصہ اسکول میں شریک کروا دیا گیا جو ان کے گھر سے بہت قریب تھا۔ جب مقدموں کے فیصلے ساحر کی والدہ کے حق میں صادر ہونے لگے تو ساحر کے والد کو پریشانی لاحق ہوئی۔ انہوں نے سوچا کہ اگر وہ کسی طرح اپنے بیٹے کو حاصل کر کے اپنی نگرانی اور سرپرستی میں لے لیں تو ساحر کی والدہ جو مقدمے لڑ رہی ہیں بے دست و پا ہو جائے گی۔ مگر اس دوران ساحر کے والد نے دوسری شادی کر لی لیکن اس بیوی سے انہیں کوئی نرینہ اولاد نہیں ہوئی اور ساحر ہی تنہا موروثی جائیداد کے وارث تھے۔ چنانچہ ساحر کے والد نے عدالت سے درخواست کی کہ ان کے بیٹے کو حوالے کیا جائے۔ اس وقت ساحر پانچویں جماعت میں پڑھ رہے تھے۔

جب عدالت میں پوچھا گیا کہ وہ کس کے ساتھ رہنا چاہتے ہیں تو ساحر نے جواب دیا کہ وہ اپنی والدہ کے ساتھ رہنا چاہتے ہیں لیکن قانونی طور پر والد کو یہ حق حاصل تھا کہ وہ اپنے بیٹے کو اپنے ساتھ رکھیں۔ بیٹے کو والدہ کی سرپرستی میں دینے کیلئے کوئی معقول وجہ درکار تھی۔ اتفاق سے ساحر کے والد نے عدالت میں جو بیان دیا تھا اس سے ان کا ادعا کمزور پڑ گیا۔ انہوں نے عدالت کے استفسار پر یہ یقین دہانی کی کہ سوتیلی ماں کا سلوک بیٹے کے ساتھ ٹھیک رہے گا۔ پھر عدالت میں معزز جج نے ان سے یہ سوال کیا کہ وہ بیٹے کی تعلیم وتربیت کا کیا انتظام کریں گے تو ساحر کے والد نے جواب دیا کہ "پڑھائے وہ اولاد کو، جس کو نوکری کروانا ہو۔ اللہ کا دیا بہت کچھ ہے، وہ گھر بیٹھ کر کھائے گا۔ یہ جواب سن کر معزز جج نے فیصلہ سنایا کہ بچے کو ماں کے ساتھ ہی رکھا جائے۔ کیونکہ وہ لڑکے کو تعلیم وتربیت دے رہی ہے اور ساتھ ہی ساتھ اچھی پرورش بھی کر رہی ہے اور اگر اسے اپنے والد کے ساتھ رکھا گیا تو وہ ان پڑھ رہ جائے گا۔ چنانچہ ساحر اپنی والدہ کے ہمراہ ہی رہنے لگے۔ ساحر اپنی والدہ کی سرپرستی میں ہی تعلیم حاصل کرتے رہے۔ مدرسہ میں ساحر کا شمار محنتی اور ہونہار طالب علموں میں ہوتا تھا۔ ساحر اردو اور فارسی کی تعلیم اس وقت کے مشہور اساتذہ مولانا فیاض ہریانوی سے حاصل کی تھی۔ ان کی فیض تربیت سے ساحر نہ صرف ان زبانوں پر عبور حال کئے بلکہ شعر وشاعری میں بھی مہارت حاصل کرلی تھی اور وہ خود بھی شعر کہنے لگے تھے۔ ساحر کی پیدائش پر والدین نے کلام مجید دیکھ کر ان کا نام عبدالحئی تجویز کیا تھا اور اب ساحرؔ کو اپنے جنم پر شاعری میں تخلص کی تلاش ہوئی تو انہوں نے کلام اقبال سے رجوع کیا۔ اقبال کی نظم "داغ" پر پہنچے تو ان کی نظر اس

شعر پر رک گئی۔

اس چمن میں ہوں گے پیدا بلبل شیر ازا بھی
سینکڑوں ساحر بھی ہوں گے صاحب اعجاز بھی

انہیں ساحر کا لفظ بہت پسند آیا اور یوں عبدالحئی ساحر لدھیانوی بن گئے اور وہ عام طور پر اسی نام و تخلص ہی سے جانے جاتے ہیں اور لوگ ان کے اصل نام سے بہت کم واقف ہیں۔ ساحر انٹرنس پاس کرنے کے بعد گورنمنٹ کالج لدھیانہ میں داخلہ لیا تھا۔ بی اے میں ان کے مضامین فلسفہ اور فارسی تھے لیکن ان کو علم معاشیات اور سیاسیات سے دلچسپی تھی اور وہ ذاتی طور پر ان علوم کی کتابوں کا مطالعہ کیا تھا۔ اسی زمانے میں کمیونسٹ پارٹی کے زیر اثر آل انڈیا اسٹوڈنس فیڈریشن سے ان کا ربط ہوا اور ساحر اس تنظیم کے کاموں میں حصہ لینے لگے اور عوامی جلسوں میں اپنی سیاسی نظمیں سنانے لگے۔ یہ وہ زمانہ تھا جب کہ ملک میں انگریزی حکومت کے خلاف جنگ آزادی کی تحریک پورے شباب پر تھی۔ کسی دن ساحر جلسوں میں تقریر کرنے کیلئے جاتے اور گھر سے دیر تک غائب رہتے تو ان کی والدہ دشمنوں کا خیال کر کے بیٹے کے تعلق سے پریشان ہوتیں مگر پھر انہیں ساحر کی سرگرمیوں کا علم ہوا تو انہوں نے ساحر کو اطلاع دیئے بغیر ہی ان کے بعض جلسوں میں شریک ہوئیں اور جب انہوں نے دیکھا کہ لوگ ان کی تقریر کو بڑے ہی انہماک سے سن رہے ہیں اوران کی آواز میں آواز ملا کر نعرے لگا رہے ہیں تو انہیں اطمینان ہو گیا کہ ان کے بیٹے کو کئی گزند نہیں پہنچا سکتا ہے۔

ساحر لدھیانوی کے والد چودھری فضل محمد اپنے بیٹے کی سرگرمیوں سے

ناخوش تھے۔ ایک بار ڈپٹی کلکٹر نے ان کے سامنے ساحر کی شاعری کی تعریف کی تو وہ بہت خوش ہوئے اور اس بات پر فخر کرنے لگے کہ ان کا بیٹا مشہور شاعر بن گیا ہے۔ پھر انہیں پتہ چلا کہ ساحر زمینداروں اور جاگیرداروں کے خلاف تقریریں کرتے ہیں تو دکھ کے ساتھ کہنے لگے کہ اللہ نے ایسی اولاد دی ہے کہ باپ کی زمینداری کو ختم کرانا چاہتا ہے۔ مگر ساحر کی لڑائی یا ذاتی دشمنی کسی سے نہیں تھی بلکہ ان کی لڑائی سماج میں پھیلی ہوئی برائیوں اور سسٹم میں پھیلی ہوئی خرابیوں سے تھی۔ عام زمینداروں اور جاگیرداروں کی طرح ساحر کے والد بھی انگریزوں کی وفاداری کا دم بھرتے تھے اور انگریز حکام کی خوشنودی حاصل کرنے کی کوشش میں لگے رہتے تھے۔ ساحر کی سیاسی سرگرمیوں کی وجہ سے ان پر بار بار حکومت کا عتاب نازل ہوا۔ ان کی بعض نظمیں ضبط کرلی گئیں۔ بی اے کے آخری سال میں وہ لدھیانہ سے لاہور منتقل ہوگئے جہاں انہوں نے دیال سنگھ کالج لاہور میں داخلہ اور وہاں وہ اسٹوڈنٹس فیڈریشن یونین کے صدر چنے گئے۔ مگر سیاسی سرگرمیوں کے باعث ساحر کو ارباب اقتدار نے امتحان میں بیٹھنے سے قبل ہی ساحر کو کالج چھوڑنے پر مجبور کردیا تھا اور یوں ان کی تعلیم کا قیمتی سال ضائع ہوگیا۔ اب ساحر کو تعلیم سے کوئی دلچسپی باقی نہ رہی اور انہوں نے کالج کو خیرباد کہہ دیا اور رسالہ "ادب لطیف" سے وابستہ ہوگئے۔ "ادب لطیف" میں وہ مدیر اعلیٰ کی حیثیت سے انہوں نے کئی غیر معمولی شہرت حاصل کی۔ ۱۹۴۴ء میں ساحر کا شعری مجموعہ "تلخیاں" شائع ہوکر منظر عام پر آچکا تھا۔ لوگ ان کے نام اور کام سے بخوبی واقف ہوچکے تھے۔ ۱۹۴۵ء اکتوبر میں حیدرآباد میں اردو کے ترقی پسند مصنفین کی کل ہند سطح پر کانفرنس

منعقد کی گئی تھی۔ ساحر کو اس کانفرنس میں خاص مدعو کیا گیا تھا اور ان سے خواہش کی گئی کہ وہ کانفرنس کیلئے اپنا مقالہ پیش کریں۔ جب کانفرنس میں ساحر نے اپنا مقالہ پڑھا تو تیئس چوبیس سال کے نوجوان کو دیکھ کر منتظمین اور کانفرنس کے شرکاء سب حیرت زدہ رہ گئے اور ان کے مقالے کی ہر طرف تعریف کی گئی تھی اور سجاد ظہیر نے ساحر کو گلے لگالیا اور مبارکباد دی تھی۔ کانفرنس کے اختتام کے بعد سجاد ظہیر، کرشن چندر، مجاز اور سردار جعفری ساحر کو بمبئی لے آئے۔ اعلان آزادی اور تقسیم ہند کے بعد ملک کے طول و عرض میں فسادات پھوٹ پڑے۔ لدھیانہ اور پنجاب بھی فساد کی زد میں آچکا تھا۔ اس وقت ساحر بمبئی میں تھے اور ان کی والدہ دھیانہ میں تھیں۔ سخت پریشانی کے عالم میں ساحر دلی پہنچے اور ان کے ایک سکھ دوست کے ہاں ٹھہرے رہے۔ حالات اتنے خراب تھے کہ ساحر دلی سے لدھیانہ نہیں جاسکتے تھے۔ ساحر نے اپنی آنکھوں سے فسادات اور دنگوں کا خونین منظر دیکھا تھا اور اس کا گہرا اور شدید تاثر نظم "آج" کی صورت میں ڈھل گیا ہے۔ یہ نظم کو انہوں نے ۱۱ ستمبر ۱۹۴۷ء کو آل انڈیا ریڈیو دلی سے نشر کی تھی۔ ساحر کے ہندو اور سکھ دوستوں نے ان کی والدہ کے بارے میں معلومات فراہم کی تھیں اور پتہ چلا کہ ساحر کی والدہ مہاجرین کے کیمپ میں بھجوادی گئیں تھیں۔ ساحر والدہ کی تلاش میں لاہور روانہ ہوئے اور انہیں اطلاع ملی کہ مجلس احرار کے ممتاز لیڈر، مشہور صحافی اور ادیب شورش کاشمیری کے یہاں ان کی والدہ ٹھہری ہوئی ہیں۔ لاہور کے احباب کی خو اہش تھی کہ ساحر یہیں رہیں مگر ساحر یہاں مستقل قیام کیلئے خود کو ذہنی طور پر آمادہ نہ کرسکے اور اپنی والدہ کو لے کر ہندوستان چلے آئے۔ ۱۹۴۸ء میں ساحر نے دلی

سے ماہنامہ "شاہراہ" کا اجراء کیا تھا۔ یہ رسالہ حالی پبلیشنگ ہاوس کے مالک بدر صاحب اور محمد یوسف جامعی کے تعاون سے جاری ہوا تھا۔

ایس ڈی برمن صاحب بہت خوش ہوئے اور اس طرح ساحر ایک نغمہ نگار کی حیثیت سے بمبئی کی فلمی دنیا سے وابستہ ہوگئے۔ ساحر نے ۱۹۴۹ء سے ۱۹۸۰ء تک یعنی ۳۱ سال تک فلمی دنیا سے وابستہ رہے۔ ساحر کی پہلی اور کامیاب فلم "بازی" تھی۔ اس کے سبھی نغمے بے حد مقبول ہوئے تھے۔ اس کے علاوہ تاج محل، برسات کی رات، نیا دور، گمراہ، سادھنا، داغ اور کبھی کبھی اور ایسی بے شمار فلمیں ہیں جو مقبولیت اور کامیابی میں ساحر کے گیت کا بھی بڑا دخل ہے۔ ساحر کی شاعری اور شخصیت کا کمال یہ ہے کہ انہوں نے فلمی دنیا سے وابستہ ہو کر بھی ادبی سفر کو جاری رکھا اور اپنی جگہ الگ بنائی ہے۔ اس بات کا اندازہ اس طرح لگایا جاسکتا ہے کہ ۱۹۵۴ء سے ۱۹۷۴ء تک "تلخیاں" کے بائیں ایڈیشن شائع ہوئے ہیں۔ مجروح کی طرح ساحر نے بھی فلمی نغموں کو تخلیقی شاعری کے قریب لا کھڑا کیا ہے اور فلمی گیتوں کے ذریعہ انہوں نے عوام کے سماجی اور سیاسی مسائل کو حل کرنے کی کوشش کی ہے جس کا جواب نہیں ہے۔ ہندوستان کی جنگ آزادی میں بھی ساحر نے اہم رول ادا کیا تھا۔ ملک کے قومی رہنماؤں سے ساحر کے گہرے مراسم تھے، سبھی لوگ ان کی شخصیت اور شاعری سے کافی متاثر تھے۔ پنڈت جواہر لال نہرو ساحر کو بہت چاہتے تھے اور ساحر بھی پنڈت جی کی دل سے عزت کرتے تھے۔ ساحر کو "ہندو مسلم، سکھ عیسائی" اتحاد بہت عزیز تھا، وہ چاہتے تھے عملی طور پر تمام لوگ آپس میں اتحاد و یگانگت کے ساتھ رہیں۔ ساحر چاہتے تھے کہ ملک میں "سبز انقلاب" آئے

اور ہر طرف امن وامان ہو۔

ساحر لدھیانوی کی دیرینہ خدمات کے سبب ان کو کئی ایوارڈس عطا کئے گئے ہیں۔ ۱۹۷۱ء میں حکومت کی جانب سے باوقار "پدم شری" ایوارڈ دیا گیا۔ ۱۹۷۲ء میں مہاراشٹرا حکومت نے انہیں "جسٹس آف پیس" نامزد کیا گیا تھا۔ ۱۹۷۴ء میں بمبئی کارپوریشن میں "اسپیشل اگزیکیٹیو مجسٹریٹ بنائے گئے۔ ۱۹۷۲ء میں ان کے شعری مجمعے "آؤ کوئی خواب بنیں" پر سویٹ لینڈ نہرو ایوارڈ سے نوازا گیا تھا۔ ۱۹۷۲ء میں ہی دوسرے مجموعہ کلام "آؤ کوئی خواب بنیں" پر اردو اکیڈیمی مہاراشٹرا نے اسٹیٹ لٹریری ایوارڈ عطا کیا۔ حکومت پنجاب نے بھی ساحر کی علمی وادبی خدمات کو سرہاتے ہوئے ریاست کے اعلیٰ ترین ایوارڈ سے نوازا جبکہ ۱۲ ستمبر ۱۹۷۷ء کو جالندھر میں منعقدہ ایک عظیم الشان جلسہ میں حکومت پنجاب کے وزیر تعلیم سردار سکھ چندر سنگھ نے ساحر کو طلائی تمغہ ابھیننددن گرنتی اور سروہا(شال) کے علاوہ نقد رقم پیش کی تھی۔ ایک ممتاز امریکی اسکالر کارلو کوہر لانے اردو شاعری اور ترقی پسند تحریک پر پی ایچ ڈی کا مقالہ لکھا اور اس نے ساحر لدھیانوی کے فن کو بھی مطالعے اور بحث کے لئے منتخب کیا تھا۔ ساحر کا کلام دنیا کی بہت سی زبانوں جیسے انگریزی، فرانسیسی، چیک، روسی، اردو، فارسی، ہندی اور عربی میں بھی ترجمے ہوئے ہیں۔ ساحر لدھیانوی کا شعری سرمایہ زیادہ تر نظموں اور گیتوں پر مشتمل ہے مگر انہوں نے غزلیں بھی بہت اچھی کہی ہیں۔ نمونہ کلام کچھ اس طرح ہے۔ آؤ کوئی خواب بنیں" کا پہلا قطعہ اور دوسری غزل کے چند اشعار ملاحظہ ہوں۔

نہ منہ چھپا کے جیے ہم، نہ سر جھکا کے جیے

ستم گروں کی نظر سے نظر ملا کے جیے
اب ایک رات اگر کم جیے، تو کم ہی سہی
یہی بہت ہے کہ ہم مشعلیں جلا کے جیے
بھڑکا رہے ہیں آگ لب نغمہ گر سے ہم
خاموش کیا رہیں گے زمانے کے ڈر سے ہم
کچھ اور بڑھ گئے ہیں اندھیرے تو کیا ہوا
مایوس تو نہیں ہیں طلوعِ سحر سے ہم

ساحر جتنے بڑے شاعر، ادیب اور مشہور گیت کار تھے، اتنے ہی عظیم انسان تھے۔ ساحر نہایت ملنسار، خوش اخلاق، ہمدرد، شریفاور دوست نواز انسان تھے۔ ہندوستان کے نامور شاعر و نغمہ نگار ہونے کے باوجود ان کی طبیعت میں غرور و تکبر اور اکڑ نام کو نہ تھی۔ سادگی، ہمدردی اور اعلیٰ اخلاق ان کے خاص جوہر تھے۔ ان کی زندگی ہی میں دوستوں اور رشتہ داروں سے انہیں دل شکن تجربے بھی ہوئے لیکن ساحر ان کی باتوں کا برا نہیں مانتے تھے۔ ساحر ہمیشہ اپنے دوستوں اور مستحق لوگوں کی مالی مدد بھی کیا کرتے تھے۔ یہ تھا شائستہ تہذیبی ورثہ جس کے ساحر تنہا وارث تھے۔ ساحر کو انسان اور انسانیت کی اعلیٰ قدروں سے بے حد محبت تھی اور اس کے علاوہ ان کی تمام تر ہمدردیاں سماج کے دبے اور کچلے ہوئے لوگوں اور مظلوم انسانوں کے ساتھ وابستہ تھیں۔ فاقہ کش غریبوں، یتیموں، مزدوروں اور کسانوں کے بعد ساحر کی ہمدردیاں مظلوم ہندوستانی عورتوں کے ساتھ رہی ہیں۔ ساحر کو اپنی والدہ سے بے پناہ محبت تھی اور ساحر کی والدہ بھی ان کو دل سے چاہتی تھیں۔ ساحر کی

والدہ ۳۱ جولائی ۱۹۷۶ء کو انتقال کر گئیں جس کا ساحر کے دل کو گہرا صدمہ ہوا۔ ساحر کے والد چودھری فضل محمد کا بھی ۱۹۶۴ء میں انتقال ہو چکا تھا جو پاکستان منتقل ہو چکے تھے۔ ساحر کو اپنی والدہ کی جدائی کا غم اس قدر شدید تھا کہ وہ اس صدمے سے باہر نکل نہ سکے اور اپنی والدہ کے انتقال کے بعد مغموم رہنے لگے اور اپنے آپ کو تنہا محسوس کرنے لگے اور اپنے تنہا وجود کو زیادہ عرصہ تک سنبھال نہ سکے اور آخر شنبہ ۲۵ اکتوبر ۱۹۸۰ء میں ساحر نے اپنی جان، جان آفرین کے سپرد کر دی اور اپنے مالک حقیقی سے جا ملے۔ ایک ستارہ جو کبھی لدھیانہ (پنجاب) سے طلوع ہوا تھا وہ بمبئی میں آکر غروب ہو گیا۔ کیفی اعظمی صاحب کا ایک مشہور شعر ساحر لدھیانوی صاحب پر پورا صادق آتا ہے۔

ملے نہ پھول تو کانٹوں سے دوستی کر لی
اسی طرح سے بسر ہم نے زندگی کر لی

***

۴

اقبال کی شعری زبان کا ارتقاء

سعید حسین

مثنوی "اسرار خودی" جب فارسی میں منظر عام پر آئی تو مغرب اور مشرق ہر جگہ اس کی گونج سنائی دی۔ مشرق میں لوگ اس لفظ کی اہمیت کو سمجھنے لگے۔ مغرب میں اہل الرائے نے اس کی تعریف کی۔ چنانچہ ہربرٹ ریڈ نے زور و شور کے ساتھ اس نظم کی پذیرائی کی۔ مثنوی کے تعلق سے ہربرٹ نے لکھا کہ "ایسے وقت میں جب ہمارے یہاں لوگ طوطا مینا کی کہانی لکھ رہے ہیں مشرق میں ایک شاعر ایسا بھی ہے جو مثنوی 'اسرار خودی' جیسی فکر انگیز شاعری کر رہا ہے۔"

اقبال کہتے ہیں۔ "میں نے کبھی اپنے آپ کو شاعر نہیں سمجھا۔۔۔ فنِ شاعری سے مجھے کوئی دلچسپی نہیں رہی، ہاں بعض مقاصد خاص رکھتا ہوں جن کے بیان کے لئے حالات و روایات کی رو سے میں نے نظم کا طریقہ اختیار کیا ہے۔"

علامہ اقبال مشاہیر کی نظر میں: "اقبال کی شاعری نے نوجوان مسلمانوں میں بیداری پیدا کر دی ہے اور بعض نے یہاں تک کہہ دیا ہے کہ جس مسیحا کا انتظار تھا وہ آگیا ہے۔" (نکسن) "ہندوستان میں حرکتِ تجدید نے اپنا ممتاز ترین ظہور سر محمد

اقبال کی شاعری میں حاصل کیا ہے"۔(سر تھامس آر نلڈ' برطانیہ)" شاید یہ بہت کم لوگوں کو معلوم ہو کہ ڈاکٹر اقبال مرحوم ایک صوفی خاندان میں پیدا ہوئے تھے۔ ان کے والدِ مرحوم ایک خوش اوقات صوفی صافی تھے۔ اوران کے ہاں آنے والے دوستوں کا مذاق بھی یہی تھا اور اسی ماحول میں اقبال کی پرورش ہوئی"۔(سید سلیمان ندویؒ پاکستان)" اقبال کی شاعری کی خاص غایت تھی۔ مولانا حالیؒ کی طرح اقبالؒ نے بھی اپنی شاعری سے قوم اور ملک کو جگانے اور رہنمائی کا کام لیا۔ یہ اس کے خیال و فکر کی قوت اور جِدت تھی جس نے اس کے کلام اور طرزِ بیان میں زور اور جوش پیدا کر دیا"(بابائے اردو ڈاکٹر مولوی عبدالحق)" علامہ اقبال کا شمار بیسویں صدی کے عظیم ترین شعراء اور مفکرین میں کیا جاتا ہے۔ ان کی حیات ہی میں انہیں" شاعر مشرق" کہا جانے لگا"۔(نکولائی گلیبوف' روس) یہ وہ سوال ہیں جنہیں عالمی ادب میں مختلف پیرایوں میں اٹھایا گیا ہے جن کا جواب غالب کے پاس نہیں ہے۔ یہ غالب کی اولیت اور ان کی عبقریت ہے کہ اردو شعر و ادب میں انہوں نے پہلی مرتبہ ان بنیادی باتوں پر غور کیا۔ اقبال نے اپنی شاعری میں ان سوالوں کا جواب دیا ہے۔ اس لئے کہ وہ اردو کے علاوہ فارسی' عربی' انگریزی اور جرمنی سے واقف تھے۔ انہوں نے مشرق اور مغرب دونوں کا یکساں مطالعہ کیا اور دونوں کی خوبیوں کو اپنے اندر ڈھالنے کی کوشش کی ہے۔

مشرق سے ہو بیزار نہ مغرب سے غدر کر
فطرت کا تقاصہ ہے کہ ہر شب کو سحر کر

انہوں نے مشرق اور مغرب دونوں کے دانشوروں سے اکتساب نور کیا۔ اور

اس بات کی پیہم کوشش کی کہ شخصیت کی تعمیر میں انتہا پسندی کا شکار نہ ہو جائیں۔ وہ بارگاہ رسالت مآب ﷺ میں دستِ دعا کرتے ہیں۔

تو اے مولائے یثرب اب میری چارہ سازی کر

میری دانش ہے افرنگی مرا ایماں ہے زناری

ان کی پوری شاعری میں یہی اعتدال پسندی اور میانہ روی نظر آتی ہے۔ وہ ہومر' دانتے' ورجل' ورڈس ورتھ' گوئٹے' شیکسپیر اور ملٹن سے بھی واقف اور رومی ورازی' صائب' کلیم سے بھی۔ انہوں نے افلاطون اورارسطو' ہیگل' کانٹ' اسپنسر' مارکس' فیورباغ نطشے سے لے کر برگساں تک ایک ایک فلسفی کا مطالعہ کیا وہ ان سے متاثر بھی ہوئے۔ مگر مرعوب کسی سے نہیں ہوئے۔ یہی سبب ہے کہ انہوں نے مارکس کی قدر کرتے ہوئے "پیغمبر بے کتاب" کہا مگر اس کے اشتمالی نظریے کی کمزور بنیاد پر بڑی جراءت رندانہ سے حرف زنی بھی کی۔

طریق کوہ کن میں بھی وہی حیلے ہیں پرویزی

اقبال نے مکالمات فلاطوں کا نہ صرف مطالعہ کیا بلکہ اپنی نکتہ رس طبیعت سے ایک دلچسپ پہلو پیدا کر کے مساوات مرد وزن کی حقیقت کو آئینہ دکھایا۔

مکالمات فلاطوں نہ لکھ سکی لیکن

اُس کے شعلے سے پیدا شرار افلاطوں

اقبال نے مسولینی کے حسن و قبح کو بھی اُجاگر کیا ہے۔ لینن کو خدا کے حضور پا بہ جولاں کھڑا کر کے اس کی عذر خواہیاں' اس کی حیلہ جوئیاں' اس کی تاویلیں اور دل لگتی تعبیریں بھی پیش کی ہیں۔

اس غزل میں اقبال کی زبان نہایت صاف ہے۔ اس میں لفظی اور معنوی رعایتیں دیگر صنائع اور تلمیحات کا ایک ہجوم ہے۔ ظاہر ہے اس غزل کا کوئی شعر ان کی اپنی کیفیت کا نمائندہ نہیں ہے بلکہ ہر شعر اقبال کی شاعرانہ صناعی کی نمائندگی کررہا ہے۔ اس سے اندازہ ہوتا ہے کہ اقبال نے اردو شاعری کا مطالعہ بڑی گہرائی سے کیا اور اساتذہ کے یہاں مروجہ صناع کی باریکیوں کو سمجھا۔

اقبال کی اردو نظموں میں جستہ جستہ ان کا نظریہ خودی واضح ہوجاتا ہے۔ جس میں وہ تکمیل انسانیت کے لئے اطاعت امر' نیابت الٰہی اور ضبط نفس کے وہ پیمانے مقرر کرتے ہیں جن سے ہم کنار ہو کر انسان' انسانیت کی رفعتوں کو چھو سکتا ہے۔ اور گویا اپنے کمال کو پہنچ سکتا ہے مگر ان کا مستقبل ترقی کرتا شعور اس حد پر بھی نہیں رکتا۔ وہ چاہتے ہیں کہ یہ مرد کامل اس وقت مرد کامل بن سکتا ہے جب اپنی خودی کو بے خودی کے لئے وقف کردے۔ یعنی ایثار و قربانی کا وہ جذبہ اس میں پیدا ہوا کہ اس کی تمام ترقیاں' اچھائیاں' نیک نامیاں اور صلاحیتیں دوسرے کے کام آئیں وہ دوسروں کو خود پر ترجیح دینے کی ادا سیکھ لے۔ اقبال کی نظموں اور غزلوں میں یہ تمام خیالات موجود ہیں۔

اقبال کی شاعری کا مرکزی خیال انسان ہے۔ انسان کی برتری اور انسانیت کا گن گانا جتنا زیادہ اقبال کے یہاں موجود ہے اردو ہی نہیں دنیا کی کسی بھی زبان میں اس حد تک مشکل ہی سے ملے گا۔ اتنے مختلف اسالیب ہیں اور اتنے متنوع اور بو قلموں انداز میں اس لئے کہ وہ تنہا شاعرہے جو دانتے' گوئیٹے' ورجلی' ورڈس ورتھ' ہومر' شیکسپیر سے واقف ہے۔ اسی لئے اس نے میر' سودا' آتش' انیس' غالب کا غائر

نگاہ سے مطالعہ کیا۔ اس نے داغؔ دہلوی سے اصلاح لی۔ تا کہ زبان دانی کا جوہر اس میں بھی پیدا ہو جائے۔ اس کے اسلوب میں یہ تمام رنگ پائے جاتے ہیں۔ یہاں تک کہ اس کا مستقبل ترقی کرتا ہوا اور رواں دواں قلم اپنا ایک انفرادی لب ولہجہ پیدا کرلیتا ہے۔ اس طرح کہ وہ ہزاروں میں پہچانا جاتا ہے اور اس کی پیروی آسان نہیں ہے۔

اقبال کا تصور رب اس کا پیغام' اس کی معنی خیز اصطلاحیں اس کا نظریہ جبر وقدر' اس کا نظریہ عشق و عقل' اس کا نظریہ وطن اس کا ساز ملی' اس کے کلام کی عالمگیر اپیل' اس کے اشعار کی مقبولیت اور ان سب پر مستہزاد اس کے کلام کا روز مرہ زندگی میں بے محابا استعمال۔ کوئی ایک اردو شاعر بھی روز مرہ زندگی میں اقبال کے مقابلے میں کام نہیں آتا۔ وہ چاہے ترانہ ہندی ہو یا اسلامی ترانہ تصویر درد اور خضر راہ کے اشعار ہوں یا شکوہ وجواب شکوہ کے وہ اشعار جو زباں زدِ خاص وعام ہیں۔ وہ مسجد قرطبہ کی سی شاہکار نظم کے یا ذوق وشوق' ساقی نامہ اور ابلیس وجبریل کے مکالمے جو پڑھے لکھوں کے نوک زباں بھی ہیں۔ پھیلے ہوئے موضوعات کو ہم تصدیق کی طرح سمٹنے کے کام آتے ہیں۔

وہ بات کو دلکش پیرائے میں کہنے کا سلیقہ جانتے ہیں۔ ان کی غزلیں ذہنی انتشار کے عیب سے پاک ہیں۔ تاثر کی وحدت میں بندھے ہوئے اشعار آپ اپنی کائنات میں مگن بھی ہیں۔ نظموں میں نظم وضبط اور تاثر کی توسیع کے ساتھ ساتھ ایک ایک شعر اور کبھی کبھی ایک مصرعہ غزل کے قلزم کا شناور لگتا ہے۔ انہوں نے اپنے فلسفے اور فکر دونوں کے لئے قرآن پاک اور اسوہ مبارکہ نبی اکرم صلی اللہ علیہ وسلم سے

خوشہ چینی کی ہے۔ انہوں نے اپنی پوری معلومات کے نچوڑ کو پہلے اپنے قلب و نظر میں اتارا اور تحصیل کیا اور اس کے بعد ہی لب کشائی کی۔ اپنی انفرادی چھاپ کے ساتھ دراصل یہی ان کا ریاض ان کی عبادت اور ان کی اپنی زبان میں خون جگر کی نمود ہے۔ اس لئے ان کے شہ پارے ان کے ہی نہیں ان کے سب پڑھنے سننے والوں کے ہو جاتے ہیں۔ اقبال کے سے عظیم شاعر کا انتخاب کتنا مشکل کا ہے اس لئے کہ جہاں حرف حرف آب زلال سے لکھا ہو۔ جہاں زر خالص خود کسوٹی ہو پھر اسے کونسی کسوٹی پر پرکھا جائے۔ یہ مرحلہ دشوار تھا تاہم اس انتخاب کی آسانی خود شاعری نے مہیا کر دی ہے اور وہ یہ ہے کہ اس کے نمائندہ اشعار کو اپنی ضرورت کے سانچے میں ڈھال لیا جائے۔ یعنی بقدر ضرورت کلام کا انتخاب کر لیا جائے۔ چنانچہ ایسا ہی کیا گیا ہے۔ یعنی اقبال کی فکر و فلسفہ اور ان کا اسلوب۔ اس میں بھی اقبال کا تصور عشق' ان کا فلسفہ خودی' ان کا نظریہ وطن' ان کا عقل و عشق کا نظریہ' ان کے مجموعی اختصاص جن کے ذریعہ ان کی نمائندگی ہوتی ہے۔

***

۵

مومن خان شوق کی شخصیت اور شاعری

محمد نصر اللہ خان

شہر حیدرآباد جسے علمی و ادبی گہوارہ کہا جاتا ہے، ۱۵ جون ۱۹۴۱ء کو محترم منور خان کے گھر میں مومن خان شوق پیدا ہوئے۔ ۱۹۶۴ء میں جامعہ عثمانیہ سے بی کام کی ڈگری حاصل کی اور پھر ایف ایس اے اے کامیاب کیا اور ۱۹۶۵ء میں زرعی یونیورسٹی کے اڈمنسٹریٹیو آفس میں ملازمت شروع کی۔ اپنی محنت اور لگن سے ترقی کرتے ہوئے سپرنٹنڈنٹ کی حیثیت سے ۱۹۹۶ء میں بحسن وخوبی وظیفہ پر سبکدوش ہوئے۔

مومن خان شوق کے بڑے بھائی جناب عمر خان عاصی ڈپٹی اگزیکیٹو انجنیئر (موظف) جو اب نیو جرسی (امریکہ) میں مقیم ہے، ان کی ادبی تحریروں نے انہیں ذوق شعر و ادب کی طرف مہمیز کیا۔ ادبی مطالعہ کیساتھ شاعری کے رموز بھی آشکارا ہوئے تب ہی جناب شوق نے حیدرآباد کے استاد شعراء سے شعر فہمی میں بہت کچھ جانا اور سیکھا۔ یوں تو ان کا شعری سفر کا آغاز ۱۹۶۸ء سے ہوا لیکن ۱۹۷۰ء سے حیدرآباد کے اردو اخبارات و رسائل اور ہندوستان کے ادبی رسائل میں ان کا

کلام شائع ہوتا رہا ہے۔ تاحال ان کے چھ (٦) شعری مجموعے اور نثری مجموعہ شائع ہوکر منظر عام پر مقبول ہوچکے ہیں جن میں "بدلتے موسم"، "چاندنی کے پھول"، "نشاط آرزو" "کرن کرن اجالا"، "یہ موسم گل"، سوغات نظر"، کے علاوہ نثری مجموعہ "سوغات فکر و نظر" ہیں۔ ان مجموعوں پر انہیں اردو اکیڈیمی نے انعامات سے نوازا۔

مومن خان شوق کئی ادبی اداروں سے وابستہ رہے، ادارہ سوغات نظر کے معتمد عمومی کی حیثیت سے آج بھی ان کی ادبی سرگرمیاں جاری ہیں۔ اس ادارہ کے تحت تقریباً ۲۰۰ کے قریب ادبی اجلاس و مشاعرے منعقد کئے جاچکے ہیں۔ ان کا کلام آل انڈیا ریڈیو حیدرآباد کے نیرنگ پروگرام میں اکثر و بیشتر نشر ہوتا رہا ہے اور دوردرشن حیدرآباد سے بھی ان کا کلام ٹیلی کاسٹ ہوچکا۔ انہیں کئی اداروں کی جانب سے ایوارڈس دیئے گئے جن میں قابل ذکر" قومی یکجہتی اندرا گاندھی نیشنل یونٹی ایوارڈ" "سرکاری زبان کمیشن آندھراپردیش ایوارڈ" مین آف دی ایئر (امریکن یاگرافیکل انسٹی ٹیوٹ) ٹھواہٹو کنسلٹنگ ایڈیٹر (امریکن یاگرافکل انسٹی ٹیوٹ) ہیں۔ "غزل سندری ایوارڈ کوی گاروکلا پیٹھم" "بہترین شاعر ایوارڈ (ہندو سیوا سماج رہبر سمیلن" "کل ہند اردو تعلیمی کمیٹی" کی جانب سے توصیف نامہ شہر حیدرآباد کے نمائندہ شاعر کی حیثیت سے دیا گیا۔

مومن خان شوق کی شاعری و ادبی جذبات پر شعراء اور دانشوروں نے جس طرح کا اظہار خیال کیا ہے وہ نئی نسل کیلئے ایک مثالی حیثیت رکھتی ہے۔ اس کو مد نظر رکھتے ہوئے ان کے خیالات کے چند نقوش قلمبند کئے جارہے ہیں۔ ممتاز و نامور

شاعر ڈاکٹر علی احمد جلیلی مرحوم نے مومن خان شوق کے شعری مجموعہ "کرن کرن اجالا" میں رقمطراز ہوتے ہوئے کہا کہ "مومن خان شوق حیدرآباد کے ان شاعروں کی صف میں ہے جنہوں نے شاعری کے طویل سفر میں اپنے آپ کو خاصہ متعارف کروالیا ہے اور اپنے آپ کو گرد وپوش سے باخبر رکھا ہے۔ دور حاضر کی ناانصافیوں اور معاشرہ کے زوال کا ان میں احساس بھی ہے اور شعور بھی، یہی وجہ ہے کہ رومانیت کے ساتھ شرافت و وضعداری کے اقدار کی شکست و ریخت کی جھلکیاں ان کے کلام میں ملتی ہیں۔ انہوں نے کھردری حقیقت کو بھی بے نقاب کیا اور اس طرح اپنی صلاحیتوں کا بھرپور احساس دلایا ہے۔ شوق کی غزلوں کا جمالیاتی پہلو بہت زرخیز ہے اور جہاں ایسی جمالیاتی اور روایتی احساس کی تکمیل کرتے ہیں وہاں انہوں نے جذبات نگاری کی شدت میں احتیاط کا دامن ہاتھ سے نہیں چھوڑا۔

وہ لکھتے ہیں کہ مومن خان شوق نے اپنی نظموں کیلئے آزاد نظم کی ہیئت کا ہی استعمال کیا ہے۔ "زندگی"، "الجھن"، "ذرا سوچیئے"، "مشورہ" کی نظموں کے عنوانات متنوع ہیں۔ یہ تنوع اس بات کی دلیل ہے کہ ان کا مشاہدہ زندگی بہت گہرا اور وسیع ہے۔ انہوں نے مومن خان شوق کو ایک اچھے شاعر سے تعبیر کرتے ہوئے کہا کہ انہوں نے بہت خوبصورت شاعری ہمیں دی ہے"۔

ڈاکٹر منشاء الرحمن خان منشاء نے مومن خان شوق کے شعری مجموعہ "نشاط آرزو" میں اپنے تاثرات بیان کرتے ہوئے رقمطراز ہیں کہ مومن خان شوق ایک خوش گو اور خوش فکر شاعر ہیں، وہیں ایک مخلص و خوش اخلاق انسان بھی واقع ہوئے ہیں، جب ملتے ہیں تو وہ اپنے والہانہ خلوص اور اپنائیت کو برقرار رکھتے ہیں اور

یہی خلوص دل کی جھلکیاں ان کے کلام میں بھی جابجا پائی جاتی ہیں۔ شوق کے نازک ترین احساسات دل و جذبات باطنی کو جو شعری پیکر عطا کئے وہ لائق دار و ستائش ہیں۔ جذبات انسانی کی عکاسی، شعور کی پختگی اور تخیل کی رنگ آمیزی کی بدولت ان کے اکثر اشعار دامن دل کو اپنی طرف کھینچنے لگتے ہیں۔

حقیقت تو یہ ہے کہ شوق بڑے سلجھے ہوئے وشائستہ انداز میں اپنا ماضی الضمیر کو شعر و سخن کا روپ دیتے ہیں۔ انہوں نے صرف مجموعہ کا نام ہی نشاط آرزو نہیں رکھا ہے بلکہ نظموں و غزلوں میں جگہ جگہ اسی لفظ کا استعمال بھی کیا ہے۔ انہوں نے اپنی نظموں میں کئی مقامات پر علامتی اسلوب اختیار کیا ہے۔ اس طرح ان کی صداقت بیانی اور اشارتی حسن کے باعث کلام شوق بہت خوشنما اور دل پذیر بن گیا ہے۔ اکثر غزلوں میں کلاسکی شاعری کا حسین پر تو نئے نئے رموز والائم اور نئے نئے تلامزوں کے روپ میں دکھائی دیتا ہے۔ اسی لئے ان کی شاعری میں جذبے کی گرمی خلوص دل کی دھیمی دھیمی آنچ ملتی ہے جو دلوں کو گرما جاتی ہے۔

الغرض کلام شوق میں نشاط انگیزی کے عناصر بدرجہ اتم ملتے ہیں، بڑی خوبی کی بات تو یہ ہے کہ شوق نے زندگی اور زمانے کے تعلق سے سیدھی سادی اور سچی باتوں کو نہایت سادگی و پرکاری اور خوش اسلوبی کے ساتھ شعری پیکروں میں ڈھالا ہے۔ شاعرہ ڈاکٹر بانو طاہرہ سعید نے مومن خان شوق کے شعری مجموعے "یہ موسم گل" پر اظہار خیال کرتے ہوئے لکھا ہے کہ مومن خان شوق ایک تعلیم یافتہ انسان ہیں، زرعی یونیورسٹی، راجندر نگر سے منسلک رہ چکے ہیں۔ انہیں اردو زبان کی خدمت اور والہانہ لگاؤ کے ساتھ بناء خود شاعری ان کی طبیعت میں رچ بس گئی ہے۔

ہندوستان کے بیشتر اردو رسالوں اور اخبارات میں ان کا کلام اکثر چھپتا رہتا ہے۔ ان کی شاعری ان کی شخصیت کی طرح پاک وصاف اور دل پذیر ہے اور ان کے فن میں کلاسیکی وقار، ترقی پسندانہ للکار و بے ساختگی پائی جاتی ہے۔ انہوں نے اردو زبان کی ہر صفت سخن پر قلم اٹھایا ہے۔ قطعات لکھے، نظمیں لکھیں اور غزلوں کا جادو جگایا۔ اردو ادب کی خدمت سے رشتے کو قائم رکھتے ہوئے گھریلو زندگی میں بھی بہت ساری ذمہ داریاں بحسن وخوبی سنبھالیں اور وہ ہمیشہ مطمئن نظر آتے ہیں۔

ان کے ذہنی سکون میں ان کی شریک حیات محترمہ سردار النساء کا بھی بڑا حصہ ہے۔ وہ ایک خانہ دار ہمدرد، نفیس و پڑھی لکھی خاتون ہیں، علم وادب سے بھی دلچسپی رکھتی ہیں۔

مومن خان کا شوق کا ایک نہایت قابل تحسین کارنامہ یہ بھی ہے کہ حیدرآباد کے علاوہ اضلاع کے اردو شعراء کو سوغات نظر کی محفلوں میں مدعو کرتے ہیں اور ان کے فن و شخصیت پر ادبی اجلاس میں منعقد کیا کرتے۔ ان کی نظموں میں "اکیسویں صدی کی آمد پر" "بارش" "عزم کی قندیل" "روشن گفتگو" "جہیز کی لعنت" "غم کا مسیحا کوئی نہیں" "متوالی آنکھیں" "جیو اور جینے دو" شگفتہ و متاثر کن ہیں۔

پروفیسر سلیمان اطہر جاوید نے مومن خان شوق کے شعری مجموعہ "چاندنی کے پھول" کو نور و نکہت کا دل آویز گلدستہ قرار دیتے ہوئے یوں رقمطراز ہیں:

مومن خان شوق نے دنیائے شعر و ادب میں بدلتے موسم کا اثر اسی حد تک قبول کیا ہے جس حد تک کے قبول کیا جانا چاہئے تھا۔ انہوں نے بدلتے موسموں کو نہ

تو قطعی نظر انداز کیا اور نہ وہ بدلتے موسموں کے ہو کر رہ گئے۔ ان کے یہاں مثبت شعری روایات اور ماضی کی صحت مند اقدار کی پاسداری بھی ہے اور عصری رجحانات کا احترام بھی ہے۔ تنہائی عصری شاعر کا ایک اہم موضوع سا ہے۔ شوق کے یہاں اس موضوع پر نظمیں اور اشعار ملتے ہیں۔ زبان اور بیان کے تعلق سے بھی ان کا رویہ معتدل اور متوازن ہے۔ انہوں نے اردو کے اردوپن کو پوری احتیاط کے ساتھ قائم رکھا ہے۔ ہاں ہندی شاعری اور ہندی گیت سے وہ متاثر معلوم ہوتے ہیں۔ "برہ کی ماری"، "برہ کی انگنی" "نئی برکھا"، "اب کے برس جب ہولی آئی" اور دیوالی آئی جیسی منظومات جس کا اظہار ہیں۔

وہ لکھتے ہیں کہ:

میں نے شوق کی شاعری کی نشاندہی کی ہے۔ ان سے منظومات ہی نہیں ان کی غزلیں بھی عبارت ہیں۔ شوق کو نظم اور غزل دونوں پر ایک جیسی مہارت حاصل ہے۔ غزلوں کے یہ چند اشعار ہے۔

آج حالات ہی کچھ ایسے ہیں\
ساعتیں ڈوبتی سی لگتی ہیں

ہم ملاقات کو چلے تھے مگر\
وہ ملے بھی تو فاصلے سے ملے

لوگ تقسیم ہوئے ذاتوں میں\
آدمیت کی کہاں بات اب کے

پھر ایک بار تو ایسا ہوا جنگل میں

ابھی نکل ہی رہا تھا کہ ڈھل گیا سورج

پروفیسر جیب ضیاء نے مومن خان شوق کے شعری مجموعہ "کرن کرن اجالا" میں تعارف کرواتے ہوئے لکھا کہ مومن خان شوق نے اپنی خداداد شعری صلاحیتوں کے جوہر دکھانے کیلئے جہاں مختلف اصناف شاعری کا انتخاب کیا ہے وہیں بحروں کے انتخاب میں اپنا جواب نہیں رکھتے۔ چھوٹی اور بڑی ہر دو بحروں میں انہوں نے بہت عمدہ شعر کہے ہیں۔ ان میں رومانی، اخلاقی، سماجی، سیاسی اور دیگر کئی موضوعات شامل ہیں۔ جیسے

ایک حسینہ جو پاس آتی ہے
کتنی یادوں کو ساتھ لاتی ہے

ایک لڑکی دکن میں ملی شوق کو
غالب و میر کی شاعری کی طرح

روز بڑھتی ہوئی یہ مہنگائی
ہر ضرورت کو جیسے ڈستی ہے

یہ دکن کی سرزمین کا سب سے روشن وصف ہے
جو بھی آتا ہے یہاں، وہ لوٹ کر جاتا نہیں

ایسی آندھی چلی ہے فیشن کی
ہر طرف جیسے بے لباسی ہے

مومن خان شوق نے جہاں غزل گوئی کے ذریعہ شعر و ادب میں خوشگوار اضافہ کیا ہے وہیں بہترین نظمیں لکھ کر یہ ثابت کر دکھایا ہے کہ وہ اس صنف پر بھی

کامل عبور رکھتے ہیں۔ المختصر یہ کہ شوق نے اپنے مخصوص طرز سخن کی بنیاد پر میدان شاعری میں اس مقام پر پہنچ چکے ہیں جہاں تعارف کی کوئی گنجائش باقی نہیں۔ ان کا کلام ہی ان کا تعارف ہے۔

پروفیسر میر تراب علی نے اپنے مضمون "مومن خان شوق کی تخلیقی جہات" میں یوں رقمطراز ہیں کہ:

مومن خان شوق حیدرآباد کے بزرگ شاعر اور مجاہد اردو ہیں، انہوں نے اپنے عمر عزیز کا ایک بڑا حصہ اس دشت کی سیاحی میں گزارا ہے۔ ان کا تعلق حیدرآباد کے ایک مہذب علمی، ادبی اور مذہبی گھرانے سے رہا ہے، ان کے خاندان کے ادبی ماحول اور حیدرآباد کی شاعرانہ فضاء نے ان کو شاعری کے آسمان پر پرواز کا ہنر بخشا۔ ابتداء میں کئی نامور اساتذہ سخن سے اصلاح لی اور بہت جلد حیدرآباد کے شعری منظرنامے میں محترم شاعر کی حیثیت سے منظر عام پر آئے۔

شوق صاحب دراصل حیدرآباد کی تہذیب کی جمالیات کا تسلسل ہیں۔ مومن خان شوق نے کئی اصناف سخن میں طبع آزمائی کی لیکن غزل میں ان کی قوت تخلیق بھرپور سانس لیتی ہے۔ ان کی شاعری دراصل اس انسانیت نواز انسان کی شاعری ہے جو زندگی کی ساری آرائشوں اور آلودگیوں میں گھرا رہنے کے باوجود اپنی شناخت نہیں کھوتی۔ یہ تہذیبی متانت اور احترام آرئیت ان کا زاویہ نظر کی دین ہے۔ ان کا انداز ملاحظہ فرمائیے۔۔۔

مروت، سادگی اخلاص والفت
ہماری زندگی میں اور کیا ہے

جب بھی نشاط غم سے ہوا اپنا سامنا
پلکوں پہ قطرہ قطرہ الم بولنے لگا
یہ کیسا دور ہے کیا جہاں ہے
جسے دیکھو امیر کارواں ہے

***

٦

مجروح سلطانپوری شخصیت اور شاعری

ڈاکٹر امیر علی

مجروح سلطانپوری کا شمار صف اول کے ترقی پسند شاعروں میں ہوتا ہے۔ ان کا اہم کارنامہ یہ ہے کہ غزل جیسی روایتی صنف سخن میں انہوں نے ایک دلکش اور منفرد اسلوب کی بنیاد ڈالی۔ مجروحؔ نے تقریباً (۵۵) سال تک اردو شعر وادب کی گراں قدر خدمات انجام دی ہے جو قابل قدر کارنامہ ہے۔ مجروحؔ بنیادی طور پر غزل کے مشہور شاعر ہیں، غزل ان کی محبوب صنف سخن تھی۔ اس میں کوئی شک نہیں کہ ان کا شعری مجموعہ "غزل" بہت مختصر ہے لیکن سارا کلام انتخاب معلوم ہوتا ہے جس میں خود ان کے حسن انتخاب کو بڑا دخل ہے۔ فلمی دنیا میں مجروح سلطانپوری کی آمد بڑے ہی شاندار طریقے سے ہوئی اور وہ ایک کامیاب شاعر، ادیب اور ایک نیک دل انسان کی حیثیت سے ہمیشہ سربلند ہے۔ مجروحؔ کا سب سے بڑا اور اہم کارنامہ یہ ہے کہ انہوں نے فلمی نغموں میں ادبی اقدار کو اہمیت دی۔ اس کے علاوہ انہوں نے غزل کو ارتقاء کی نئی منزلوں سے روشناس کروایا ہے اور مجروح نے جدید غزل کو تمکنت اور وقار بخشا اور اُن کے اشعار آج بھی ہر خاص وعام کی زبان پر ہے اور ان

کے اشعار ضرب المثل اور یادگار بن گئے ہیں۔

یہ ذرا دور پہ منزل، یہ اُجالا، یہ سکوں
خواب کو دیکھ، ابھی خواب کی تعبیر نہ دیکھ
دیکھ زنداں سے پرے رنگ چمن، جوش بہار
رقص کرنا ہے تو پھر پاؤں کی زنجیر نہ دیکھ

مجروح کی شہرت جتنی فلمی دنیا میں تھی اتنی ہی شہرت حیدرآباد میں تھی۔ مجروحؔ کی شخصیت اور شاعری سے متاثر ہو کر مخدوم محی الدین صاحب نے ان الفاظ میں داد دی تھی اور کہا تھا کہ "جب کوئی شاعر اچھا شعر کہتا ہے تو میں سمجھتا ہوں کہ یہ میرا شعر ہے"۔ اس میں کوئی شک نہیں ہے کہ مشرق کی نمائندگی آج دنیا بھر میں غزل ہی کر رہی ہے، خواہ وہ غزل گائیکی ہی کے ذریعے ہی کیوں نہ ہو۔ جن شعراء نے جدید غزل کو اس لائق بنایا ہے، ان میں مجروح کا نام ہمیشہ توقیر سے لیا جائے گا۔ مجروحؔ نے اپنے جذبات، احساسات اور دلی کیفیات کو کلاسکی غزل کے رچے ہوئے انداز میں پیش کیا ہے جس کا جواب نہیں۔ چنانچہ مجروحؔ فرماتے ہیں۔

میں اکیلا ہی چلا تھا جانبِ منزل مگر
لوگ ساتھ آتے گئے اور کارواں بنتا گیا
دہر میں مجروحؔ کوئی جاوداں مضموں کہاں
میں جسے چھوتا گیا وہ جاوداں بنتا گیا

مجروحؔ سلطانپوری کا اصل نام اسرار حسن خان ہے۔ والد محمد حسین خان پہلے انگریزی فوج میں ملازم تھے اور بعد میں سارجنٹ کی حیثیت سے سبکدوش ہوئے۔

مجروح کا آبائی وطن ضلع سطان پور (یوپی) ہے، اور وہاں اُن کے آباو اجداد کی چھوٹی سی زمین داری بھی تھی اور بڑے آرام سے گزر بسر ہو جاتی تھی۔ والد بہ سلسلۂ ملازمت قصبہ نظام آباد (ضلع اعظم گڑھ) میں قیام پذیر تھے۔ مجروحؔ وہیں عید الفطر کے دن بروز جمعہ ۱۳ اگست 1915ء کو پیدا ہوئے۔ مجروح کی ابتدائی تعلیم اعظم گڑھ میں ہوئی۔ مزید تعلیم حاصل کرنے کیلئے ٹانڈہ (ضلع فیض آباد) یوپی گئے اور انہوں نے مدرسہ کنز العلوم میں داخل ہو گئے اور وہاں پر انہوں نے صرف و نحو، فقہ، حدیث اور تفسیر کا درس لیتے رہے لیکن نصاب کی تکمیل سے قبل ہی الہ آباد یونیورسٹی کے امتحانوں میں مولوی، عالم اور مولوی فاضل کی خانگی طور پر تیاری کی اور دونوں ہی امتحانوں میں کامیاب ہوئے۔ ۱۹۳۶ء میں لکھنو جا کر تکمیل الطب کالج میں داخلہ لیا اور ۱۹۳۹ء میں (طب) کی سند ابھی حاصل کی اور پھر قصبہ ٹانڈہ (ضلع فیض آباد) چلے گئے اور وہاں پر اپنا ذاتی مطب قائم کیا اور اسی سال اپنے آبائی وطن سلطان پور واپس آ گئے اور یہاں اپنا مطب قائم کیا اور پریکٹس شروع کر دی۔ مگر قدرت کو کچھ اور ہی منظور تھا اور اس زمانے میں مجروح کو شعر و شاعری کا چسکا لگ گیا۔ مجروح نے ۱۹۴۰ء میں پہلی بار اپنی غزل سلطان پور کے مشاعرے میں سنائی تھی جس کو لوگوں نے بہت پسند کیا اور خوب داد ملی جس کا مطلع یہ تھا۔

چشم تر، لب خشک، آہ وزاریاں
رنگ پر ہیں ان کی فتنہ کاریاں

دوست احباب نے مجروحؔ کی ہمت بڑھائی اور مشورہ دیا کہ وہ شعر و شاعری کے شغف کو بھی جاری رکھیں۔ اُس زمانے میں ہر طرف مشاعروں کی دھوم تھی

اور خود سلطان پور میں ہر ہفتہ کوئی نہ کوئی ادبی مشاعرہ منعقد ہوا کرتا تھا۔ ملک کے نامی گرامی شعراء ان ادبی مشاعروں میں شرکت کرتے اور اپنا کلام سناتے تھے۔ مجروح کو بھی ان مشاعروں میں شرکت کا موقع ملتا گیا اور ان کے نام اور کام سے لوگ واقف ہو گئے تھے اور ان کی شہرت ملک کے دوسرے مقامات تک پھیل گئی۔ چنانچہ شعر و شاعری کے اس شغف نے مجروحؔ کو پیشہ طب سے ہمیشہ کے لئے دور کر دیا اور وہ ڈاکٹر سے شاعر بن گئے اور پھر فلمی دنیا کے مشہور گیت کار بھی بن گئے۔ قدرت بھی اپنے خزانے یوں ہی ن ہیں لٹاتی۔ سچی محنت اور لگن سے کام کرنے والوں کو ہی قدرت کے خزانے ہاتھ آتے ہیں۔ مجروح کو زندگی میں ہی عزت، شہرت، دولت اور نیک نامی نصیب ہوئی۔ مجروح وہ پہلے شاعر ہیں جنہوں نے غزل کی صنف کو ترقی پسندانہ نظریہ ادب کے مطابق سیاسی اور سماجی مسائل کے اظہار کا ذریعہ بنایا اور خود بھی اس پر قائم رہے۔ مجروحؔ کا نام اردو شاعری میں غزل کے احیاء کے باعث ہمیشہ زندہ رہے گا۔ اردو غزل کے دور جدید میں جب غزل گوئی کے تمام رسالیں ختم ہوتے نظر آرہے تھے اور متاخرین کے ہاتھوں میں غزل بے جان سی ہو چکی تھی تو مجروح نے اس کے جسد بے جان میں ایک نئی روح پھونکی اور اسے زندگی سے زیادہ قریب کر دیا ہے۔

مجروح سلطانپوری نے اپنی ابتدائی غزلوں اور نظموں پر مولانا آس لکھنوی سے اصلاح لی تھی۔ مگر یہ سلسلہ دراز نہ ہو سکا اور ۱۹۴۱ء کے بعد مجروحؔ اپنے کلام پر کسی سے اصلاح نہیں لی۔ جون پور کے مشاعرے میں ان کی ملاقات اُس دور کے مشہور شاعر جگر مرادآبادی سے ہوئی۔ یہ ۱۹۴۱ء کی بات ہے۔ جگر صاحب کو

مجروحؔ کا کلام بہت پسند آیا اور خوب داد دی۔ یہ وہ دور تھا جبکہ ملک کے کونے کونے میں جگر صاحب کے کلام کی دھوم تھی اوران کے نام ملک کے مختلف مقامات سے مشاعروں میں شرکت کی دعوت آتی تھی۔ چنانچہ یہ بات مشہور تھی کہ ان دنوں ان کا بستر نہیں کھلتا تھا یعنی فوراً مقام سے دوسرے مقام کو روانہ ہو جایا کرتے تھے۔ جگر صاحب کی فرمائش پر مجروح ان کے ساتھ مشاعروں میں دوچار مہینے ساتھ رہے۔ جگر صاحب کی فیض تربیت سے مجروح نے بہت کچھ سیکھا۔ انہوں نے مجروح کے کلام پر اصلاح نہ دی مگر اس کے باوجود مجروح جگر صاحب کو استاد سے بڑھ کر مانتے تھے اور ان کی دل سے عزت کرتے تھے۔ جگر صاحب اکثر یہ کہا کرتے تھے کہ "میاں جیسے انسان بنو گے ویسے ہی شاعر بنو گے"۔ ایسا محسوس ہوتا ہے کہ مجروحؔ نے جگر صاحب کی کہی ہوئی بات اپنی گرہ میں باندھ لی تھی جو ہمیشہ ان کے پیش نظر رہی۔ مجروح جب علی گڑھ گئے تو ان کی ملاقات پروفیسر رشید احمد صدیقی سے ہوئی جو علی گڑھ یونیورسٹی کے نامور ہستی تھے۔ صدیقی صاحب مجروحؔ کی شخصیت اور شاعری سے کافی متاثر ہوئے اور دو سال تک مجروحؔ کو اپنے ہی پاس مہمان رکھا۔ اسی دوران ملک کے نامی گرامی شخصیتوں سے مجروحؔ کی ملاقات ہوئی جن میں ڈاکٹر ذاکر حسین، مولانا مسرت موہانی، ڈاکٹر عابد حسین اور پروفیسر محمد مجیب قابل ذکر ہیں۔ صدیقی صاحب کی خاموش تربیت اور علی گڑھ کی نامور ادبی شخصیتوں سے میل جول اور مشوروں نے مجروح کی شخصیت اور شاعری کو خوب نکھارا اور مجروح ایک کامیاب شاعر، ادیب اور مشہور نغمہ نگار بن گئے۔ مجروح ۱۹۴۵ء میں ایک مشاعرے میں شرکت کی، غرض سے بمبئی گئے اور وہاں ان کی

ملاقات جگر صاحب سے ہوئی۔اُس مشاعرے میں مشہور فلم ڈائرکٹر عبدالرشید کاردار صاحب بھی شریک تھے، انہوں نے اپنی فلم "شاہجہاں" کے گیت لکھنے کی جگر صاحب سے فرمائش کی مگر جگر صاحب نے معذرت چاہی اور مجروح صاحب کو پیش کر دیا۔ جگر صاحب کے اصرار پر مجروح فلم کے گیت لکھنے پر راضی ہوگئے اور یہی ان کا مستقل ذریعہ معاش بن گیا اور وہ ہمیشہ کیلئے بمبئی آگے اور یہیں کے ہوگئے۔ مجروح سلطانپوری کا شمار فلمی دنیا کے کامیاب اور مشہور نغمہ نگاروں میں ہوتا ہے۔ انہوں نے ابتداء ہی سے بے شمار کامیاب گیت دیئے۔ فلمی نغموں میں ادبی معیار کو مجروح نے بڑے ہی موثر انداز سے پیش کیا اور ان کو ادبی رنگ دینے اور انہیں مقبول عام بنانے میں اہم رول ادا کیا ہے جو ایک ناقابل فراموش کارنامہ ہے۔ ان کی پہلی کامیاب فلم "شاہجہاں" کا وہ مشہور نغمہ جسے مجروح صاحب نے لکھا تھا جس کو اس دور کے نامور گائک کے ایل سہگل صاحبن نے اپنی جادو بھری آواز میں گایا تھا اور اس کی موسیقی نوشاد علی صاحب نے ترتیب دی تھی۔ فلم کے سبھی نغمے بے حد پسند کئے گئے لیکن کے ایل سہگل صاحب کا گایا ہوا وہ نغمہ بہت مشہور ہوا۔ آج بھی شائقین سن کر لطف اندوز ہوتے ہیں۔نغمے کے بول اس طرح ہیں۔

غم دیئے مستقل، کتنا نازک ہے دل

یہ نہ جانا

ہائے ہائے یہ ظالم زمانہ

فلم "دوستی" کا وہ مشہور و معروف نغمہ جسے مجروح صاحب نے لکھا تھا جو کافی مقبول ہوا۔ اس گیت کو محمد رفیع صاحب مرحوم نے اپنی سحر انگیز آواز میں گایا تھا

جس کو لوگوں نے بے حد پسند کیا۔ نغمے کے بول اس طرح ہیں۔

راہی منوا دکھ کی چنتا کیوں ستاتی ہے
دکھ تو اپنا ساتھی ہے

مجروح صاحب کا اہم کارنامہ یہ ہے کہ انہوں نے فلم "انداز" کے نغموں میں اردو الفاظ کی شیرینی اور لطافت کو ایک الگ انداز سے پیش کیا ہے جس کا جواب نہیں۔ اس فلم کے سبھی گیت بے حد مقبول ہوئے۔ مجروح صاحب نے اپنی فلمی زندگی کے ابتدائی دور سے ہی بے شمار کامیاب نغمے دیئے اور پیچھے مڑ کر کبھی نہیں دیکھا۔ انہوں نے اپنے خون جگر سے اپنے کلام کو سینچا ہے جس کو ادب کا مورخ ان کی گراں قدر ادبی خدمات کو کبھی فراموش نہیں کر سکتا۔ مجروح صاحب نے اپنی (۵۵) سالہ فلمی زندگی میں (۳۵۰) سے زائد فلموں کے لئے تقریباً (۲۲۲۵) کامیاب نغمے دیئے ہے ں۔ فلمی گیت کار کی حیثیت سے ان کی شاندار خدمات پر انہیں باوقار "دادا صاحب پھالکے "ایوارڈ اور اردو ادب کی خدمات کے صلے میں انہیں گراں قدر "اقبال سنسمان" ایوارڈ سے نوازا گیا۔ شاعری میں مجروح صاحب کا مجموعہ کلام "غزل" کے نام سے پہلی بار ۱۹۵۲ء میں شائع ہوا ہے۔ یہ مجموعہ ان کے دوسرے دور کے آخری حصے اور تیسرے دور کی یادگار ہے۔ ڈسمبر ۱۹۸۲ء تک اس کے چھ (٦) ایڈیشن شائع ہو چکے ہیں۔ مجروح صاحب کی شاعری میں کلاسیکی اور ترقی پسندی کا حسین امتزاج ملتا ہے۔ ان کی غزلوں میں کلاسے کی غزل کی تمکنت اور آہنگ کی سربلندی پائی جاتی ہے۔ ان کے اشعار عصری حیثیت کے رازداں معلوم ہوئے ہیں۔ نمونہ کلام ملاحظہ ہوں۔

کب تک ملوں جبیں سے اب اس سنگِ در کو میں
اے بے کسی! سنبھال، اٹھاتا ہوں سر کو میں
ساقی وہ جام تیز عطا ہو مجھے کہ آج
حل کر کے پی لوں گردش شام و سحر کو میں
کتنی فسوں طراز ہے صیاد کی نظر
آکر قفس میں بھول گیا بال و پر کو میں
مجروح اب نہیں ہے کسی کا بھی انتظار
اب کیا کروں گا لے کے دعا میں اثر کو میں

مجروح سلطانپوری کی شادی ۱۹۴۸ء میں ہوئی۔ ان کی بیوی کا نام فردوس گل ہے جو لکھنو کے متوسط گھرانے سے تعلق رکھتی ہیں۔ مجروح کو ان سے پانچ اولادیں ہوئی جن میں تین لڑکیاں اور دو لڑکیاں شامل ہیں۔ غرض مجروؔح کے ہاں اشتراکیت کوئی فارمولا یا وقت گزاری کا مشغلہ نہیں ہے۔ سوشلزم کے تحت فروغ پانے والے سماجی و سیاسی اقدار، اخلاقیات اور ثقافت کے تقدس اور احترام کا اس سے بڑا ثبوت کیا ہو گا کہ انہوں نے اپنی شاعری کے ذریعہ اس تصور کی بنیاد گزاری کا فریضہ انجام دیا اور زندگی کے آخری لمحات تک اس کی آبیاری کرتے رہے۔ ادب اور شاعری کے فروغ میں بھی مجروح صاحب نے گراں بہا خدمات انجام دیں اور ان کی خدمات کی بدولت ان کا نام ہمیشہ توقیر سے لیا جائے گا۔ مجروح صاحب کے دوست احباب کا حلقہ بہت وسیع تھا۔ وہ ایک کامیاب شاعر اور گیت کار کے علاوہ نیک دل، ہمدرد اور شریف انسان تھے۔ آخر ۲۴،۲۵ مئی ۲۰۰۰ء کی درمیانی شب مجروح صاحب انے

اپنی جان، جانِ آفرین کے سپرد کردی۔ اس طرح اردو زبان و ادب کی یہ شمع سلطان پور (یوپی) میں روشن ہوئی۔

ہزاروں سال نرگس اپنی بے نوری پہ روتی ہے
بڑی مشکل سے ہوتا ہے چمن میں دیدہ ور پیدا

***

۷

آبروئے نظامت ملک زادہ منظور

ڈاکٹر ماجد دیوبندی

یہ بات ۱۹۸۰ء کی ہے جب میں مشاعروں کی دنیا میں نیا نیا آیا تھا۔ اعظم گڑھ ضلع کے ایک مشاعرے میں جس کی نظامت ملک زادہ صاحب کر رہے تھے میں نے بھی اس میں اپنا کلام پڑھا۔ ظاہر ہے مبتدی تھا اس لیے مشاعرہ مجھ سے ہی شروع کرایا گیا۔ مشاعرے کا آغاز تھا اور لوگ بہت زیادہ انتظار کر کے تھک چکے تھے اور بیتاب تھے کہ مشاعرہ شروع ہو۔ جیسے ہی میرا نام پکارا گیا لوگوں نے تالیوں سے خیر مقدم کیا۔ وہ اس لیے کہ مشاعرہ شروع ہوا۔ میں نے ڈرتے ڈرتے اپنا کلام پڑھنا شروع کیا۔ خلاف امید عوام نے بے پناہ داد دی اور میں مزید حوصلے سے اپنا کلام پڑھ کر واپس آیا۔ عوام کی فرمائش پر ناظم مشاعرہ نے دوبارہ مجھے دعوت دی اور میں نے اور زیادہ حوصلے سے مشاعرہ میں اپنا کلام پڑھا۔ اس مشاعرے میں سامعین کی تعداد بہت زیادہ تھی اور شور کا ماحول تھا۔ میرے کلام پڑھنے سے اس شور میں کچھ کمی آئی۔ ملک زادہ صاحب نے کافی دیر تک میری تعریف میں جملے کہے اور یہ کہا کہ وہ خود ڈر رہے تھے کہ کس شاعر سے مشاعرہ شروع کرائیں اور میں نے ان کی یہ

مشکل آسان کر دی۔ ساتھ ہی کامیابی بھی ملی جس سے وہ اور زیادہ خوش ہوئے۔ وہ دن سو آج کا دن ملاقاتوں کا سلسلہ جاری ہے اور اب تو ملک زادہ صاحب میرے بہت ہی کرم فرما اور شفقت کرنے والے بزرگوں میں تھے۔ حالانکہ وہ بزرگ لفظ کبھی سننا نہیں چاہتے لیکن میرے لیے وہ ہمیشہ بزرگ ہی رہیں گے۔

ابھی چند روز قبل جب میں ان سے لکھؤان کے گھر ملنے گیا تو وہ خوب جوش کے ساتھ ملے اور کہا کہ ماجد تم نے اردا اکادمی کو ایک نیا عزم دیا اور کہا کہ کہ میں ان نوجوانوں سے بہت خوش ہوتا ہوں جو کچھ کرنے کا جذبہ رکھتے ہیں۔ ساتھ ہی کچھ اور باتیں بھی مجھے بتائیں کہ اکادمی کو کیسے کیسے چلانا ہے، کیا کیا کام کرنے ہیں، اردو کی بقا کے لیے کیا کیا اقدام کرنے ہیں۔ میں نے ان سے جب یہ کہا کہ میں اکادمی میں مشاعروں پر ایک دو روزہ سیمینار کرا رہا ہوں اور ان کی صدارت کرانا چاہتا ہوں تو ان کی خوشی کا ٹھکانا نہ رہا اور فوراً آنے کی منظوری دیدی۔ پھر جب میں نے دوبارا ان سے آنے کا پروگرام پوچھا تو انہوں نے کہا کہ اب طبیعت اجازت نہیں دیتی لیکن وہ کوشش کریں گے۔ ہماری بدقسمتی کہ وہ علالت کی وجہ سے شریک نہ ہو سکے۔ گزشتہ ۸؍اپریل کو ہندی اردو ایوارڈ کمیٹی لکھنؤ کی جانب سے کچھ لوگوں کو گورنر اتر پردیش کے ہاتھوں ایوارڈ سے نوازا گیا تھا جن میں مجھے بھی یہ ایوارڈ پیش کیا گیا تھا۔ اس میں بھی ملک زادہ صاحب کو آنا تھا لیکن وہ نہ آسکے۔ اگلے روز جب میں ان سے ملنے گیا تو ان کی آواز میں مایوسی تھی اور بولنے میں نقاہت محسوس کر رہے تھے۔ اس کے باوجود وہ اس محبت اور خلوص سے ملے کہ میری آنکھوں میں آنسو آگئے۔ میں تھوڑا جذباتی سا ہونے لگا تو انہوں نے کہا کہ ہم اپنی زندگی گزار چکے ہیں اور میرے

کندھے پر ہاتھ رکھ کر بولے ابھی تمہیں بہت کچھ کرنا ہے لیکن یہ خیال رہے کہ اردو کو نقصان پہنچانے والوں سے جنگ کرنے کا ہمیشہ جذبہ رہنا چاہئے۔ یہ تھا ان میں اردو سے عشق اور پیار۔

مشاعروں میں رہ کر ایسے ایسے تجربات ہوئے کہ جن کو اگر صاف طور سے بیان کر دیں تو دشمنی ہو جائے۔ کچھ لوگ ایسے ملے کہ جن کے اندر باہر کوئی مصلحت نہیں۔ جو وہ دیکھنے میں ہیں وہی کردار بھی ہے۔ ملک زادہ صاحب بھی اسی مزاج کے شخص تھے۔ وہی بے تکلفی اور محبت سے ملنا کہ ان پر رشک آجائے۔ عمر کی کوئی قید نہیں۔ بس وہ تو چھوٹوں سے بھی اسی طرح ملتے جیسے اپنے برابر کے شخص اور دوست سے مل رہے ہوں۔ میں ان کے ساتھ ۳۸ برس سے مشاعرے پڑھ رہا ہوں۔ ان کے مزاج میں ذرا بھی تبدیلی نہیں آئی۔ مشاعروں میں کس کو کہاں پڑھوانا ہے یہ وہ اچھی طرح جانتے تھے ورنہ آج کے بہت سے ناظم پہلے سے طے کر لیتے ہیں کہ کس شاعر کو کہاں ہوٹ کرانا ہے اور کس کمزور شاعر کو بڑھا چڑھا کر پیش کرنا ہے۔ فیصلہ تو اللہ کرتا ہے کیوں کہ وہی عزت دینے والا ہے۔ ملک زادہ صاحب نے کبھی یہ اوچھی حرکت نہیں کی جس سے کسی کی عزت خطرے میں پڑے۔ وہ اپنے ساتھ چھوٹوں کو لے کر چلنے کا ہنر اور جذبہ رکھتے تھے۔ کاش یہ بات دوسروں میں بھی آجائے تو مشاعروں کا وقار اور زیادہ معیاری ہو جائے اور کسی شاعر کا استحصال بھی نہ ہو۔

ایک اور واقعہ نقل کرنا چاہتا ہوں جس کا ذکر ملک زادہ صاحب نے اپنی خود نوشت میں بھی کیا ہے۔ بمبئی کے ایک نعتیہ مشاعرے میں مجھے مدعو کیا گیا جس کی

نظامت ان کو کرنی تھی۔ حسب معمول اسٹیج پر تمام شعراء موجود تھے کہ کچھ چہ می گوئیاں شروع ہونے لگیں اور اس میں ملک زادہ صاحب پیش پیش تھے۔ میں نے پریشان ہو کر ان سے پوچھا کہ ڈاکٹر صاحب کیا معاملہ ہے؟ مسکرا کر کہنے لگے "جب دیوبند میں پیدا ہو گے تو ایسے معاملے تو ہوں گے ہی"۔ میں سمجھا نہیں لیکن بعد میں وہ مسئلہ حل کر لیا گیا۔ بات یہ تھی کہ وہ نعتیہ مشاعرہ کٹر بریلویوں کا تھا او میرے نام کے ساتھ دیوبندی لگا ہوا تھا۔ منتظمین زیادہ سخت نہیں تھے اور انہوں نے میری نعتیں سن رکھی تھیں اور مجھے مدعو کر لیا تھا۔ یہ مشاعرہ آج سے بیس سال پہلے کا ہے جس کی صدارت راز الہ آبادی فرمارہے تھے۔ کنوینر کی جان کے دشمن ہو گئے وہ لوگ جو بظاہر خود کو عاشق رسول کہہ رہے تھے۔ یہ تو اللہ جانتا ہے کہ کون سچا عاشق رسول ہے اور عشق رسول کے بہانے قوم میں کون انتشار پھیلا رہا ہے۔ خیر۔ ملک زادہ صاحب نے وہ مسئلہ بغیر میرے بتائے اس طرح حل کر دیا کہ مجھے دعوت کلام دیتے وقت یہ اعلان کیا گیا کہ "اب میں ایک خوب صورت لب و لہجے کے نوجوان شاعر جناب ماجد صدیقی کو دعوت کلام دے رہا ہوں جو سہارنپور سے تشریف لائے ہیں"۔ مسئلے کا حل بھی نکل گیا اور پھر میں نے خوب نعتیں سنائیں اور اللہ نے بہت نوازا۔ اگر دوسرا کوئی ناظم مشاعرہ ہوتا تو فساد کرا دیتا اور مشاعرہ بھی خراب ہوتا۔ یہ تھے ملک زادہ منظور جو ہم نوجوانوں اور اردو والوں کے لیے ایک نعمت تھے۔ وہ آج بظاہر نہیں ہیں لیکن ہمارے دلوں میں ہمیشہ رہیں گے۔۔ اردو دنیا میں بعض ایسی شخصیات ہوئی ہیں جن کے بارے میں شخص کا اطلاق ہی نہیں کیا جاتا بلکہ شخصیت کا کیا جاتا ہے۔ انھیں میں موجودہ عہد میں آبروئے نظامت پروفیسر ملک زادہ منظور

احمد کا نام نامی اسم گرامی لیا جاتا ہے۔ موصوف کی پوری زندگی اردو اور اردو زبان و ادب کی آبیاری اور اردو کو اس کا جائز مقام دلانے کی کوششوں میں گزری۔ انہوں نے اردو کے مسئلے پر ۱۹۶۲ء میں تحریک شروع کی جو بعد میں پورے ملک میں پھیلی اور اردو آج گھر گھر ہے تو اس تحریک کا بڑا حصہ ہے۔ بعد میں انہوں نے اردو رابطہ کمیٹی قائم کی جس کا میں آج تک جنرل سکریٹری ہوں۔ یہ رابطہ کمیٹی حسب توفیق کچھ نہ کچھ اردو کے لیے کرتی رہتی ہے۔ مولانا آزاد پر وہ ایک authotrity مانے جاتے تھے اور ان پر ہندوستان میں پہلے Ph.D. کرنے والے اردو کے محقق تھے۔

ملک زادہ منظور احمد کی پیدائش ۱۷/اکتوبر ۱۹۲۹ء کو فیض آباد ضلع کے ایک چھوٹے سے گاؤں کے ایک سادات خاندان میں ہوئی جو نہایت دین دار اور خدا ترس خانوادہ کہلاتا ہے۔ وہ ایک بہترین خطیب، مفکر، دانشور، شاعر، شرح نگار، تفہیم کار تھے۔ یہ تمام خوبیاں ایک روشن ستارے کی طرح ان میں جگمگاتی ہیں لیکن فن نظامت نے ان کی ان خوبیوں پر ایک چادر تان دی اور وہ صرف ایک ناظم مشاعرہ کے طور پر پہچانے جانے لگے اور پوری زندگی دوسروں کو متعارف کرانے میں گزار دی اور اپنا تعارف نہ کرا سکے۔ میں کوشش کروں گا کہ مختصر طور پر ان کے بارے میں کچھ تحریر کر سکوں مگر حق تو یہ ہے کہ حق ادا نہ کر سکوں گا۔

یہ حقیقت تابناک سورج کی طرح روشن ہے کہ ملک زادہ منظور نے اردو شعر و سخن کی تاریخ میں اردو زبان و ادب کے سب سے عظیم ترسیلی ادارے "مشاعرے" کو اپنی غیر معمولی بصیرت، خوبصورت اندازِ خطابت اور دل آویزاں بلاغت کے اعتبار سے اس مقام تک پہنچا دیا کہ جس کی نظیر اردو دنیا میں مشکل سے نظر آئے

گی۔ صرف مشاعروں میں شامل ہونے والے شعرا، سیمینار میں شامل ہونے والے ناقدین، ان میں شامل ہونے والے سمعین، اخبار و رسائل کے قارئین اور آئندہ آنے والی نسلیں ان کے اس بے نظیر کارنامے پر فخر کرتی ہیں اور کہتی ہیں کہ ملک زادہ منظور ایک ایسی شخصیت کا نام ہے جسے فنِ نظامت و خطابت میں لفظ "لاثانی" سے تعبیر کیا جائے گا۔ ان کو صرف لاثانی ناظم مشاعرہ کہہ دیناہی کافی نہیں ہو گا۔ وہ ایک ممتاز و منفرد شاعر، ادیب اور نقاد تھے۔ اس میں بھی وہ اپنے منفرد رنگ و آہنگ سے ہمارے سامنے آتے ہیں۔ان کی شاعری میں حسن و جمال بھی ہے، غمِ روزگار بھی۔ آگ و خون کا سمندر بھی، صحرا، زنداں، طوق و سلاسل، آتشِ ہجر، شیخ و برہمن، ساقی و ساغر کے علاوہ ان کی شعری کائنات میں فکر و فلسفہ اور گہرائی نظر آتی ہے۔ اس میں کوئی شک نہیں کہ انھوں نے بہت کم لکھا ہے لیکن جو لکھا ہے وہ اردو غزل کے سرمایہ میں اضافے کی حیثیت رکھتا ہے۔ وہ بحیثیت ایک شفیق استاد، سپہ سالارِ زبان اردو اور ادبی و شعری تاریخ میں ہر حال میں اور ہر حیثیت سے منفرد نظر آتے ہیں۔ میں بڑی ایمانداری سے اس بات کا اعتراف کر رہا ہوں کہ چند صفحات میں ان کا تعارف پیش نہیں کیا جا سکتا بلکہ ان پر کتاب در کتاب لکھنے کے بعد بھی اس نتیجے پر پہنچا ہوں کہ: "حق تو یہ ہے کہ حق ادا نہ ہوا"

جیسا کہ میں تحریر کر چکا ہوں کہ ملک زادہ منظور احمد ایک اعلی سادات گھرانے کے چشم و چراغ تھے اور ایک زمیندار گھرانے سے تعلق رکھتے تھے۔ ان کے دادا اور نانا دونوں زمیندار تھے۔ ملک زادہ منظور کو اپنی والدہ ماجدہ اور نانا کی طرف سے سکراول قصبہ ٹانڈہ میں خاصی جائداد ملی تھی لیکن خاتمۂ زمینداری کے اعلان کے

ساتھ کاشتکاروں نے ہی ان زمینوں پر قبضہ کر لیا لیکن ملک زادہ منظور احمد کا شاعر اپنی حمیت وغیرت کا ثبوت دیتے ہوئے معاوضہ بھی لینے نہیں گیا۔ طالب علمی کے زمانے میں ہی انھیں شعر وادب سے دلچسپی ہو گئی تھی اور وہ اکثر شعر خوانی، بیت بازی اور تمثیلی مشاعروں میں حصہ لینے لگے تھے اور مڈل تک آتے آتے مشاعروں اور ادبی محفلوں میں جانے کا شوق حد درجہ مزید ہو گیا تھا۔ یہ وہ زمانہ تھا جب ہندوستان میں آزادیٔ وطن کے نعروں کی گونج تھی۔ مڈل پاس کرنے کے بعد انھوں نے گورکھپور کے جارج اسلامیہ کالج میں داخلہ لیا تو یہاں کے ادبی ماحول نے ان کے ذوق کو اور جلا بخشی۔ کیوں کہ یہاں کے مشاعروں میں علامہ ابر احسنی گنوری، حضرت جگر مرادآبادی، ساغر نظامی، شمسی مینائی، شفیق جونپوری، مجروح سلطانپوری، وامق جونپوری، مجاز لکھنوی، جعفر علی خاں، شمیم جے پوری، خمار بارہ بنکوی جیسے اساتذہ شریک ہوتے تھے۔ ان دنوں مجنوں گورکھپوری سینٹ انڈریوز کالج میں اردو اور انگریزی کے استاد تھے۔ ان کے چچا چاہتے تھے کہ حالات کو دیکھتے ہوئے وہ مڈل کے بعد ہی تعلیم کو خیر آباد کہہ دیں لیکن ان کے والد گرامی کی حسرت اعلیٰ تعلیم دلانے کی تھی۔ بہر حال ملک زادہ منظور احمد نے کسمپرسی کے عالم میں والد کی آرزو کو پورا کرنے کا عہد کر لیا۔ ہائی اسکول امتیازی نمبروں کے ساتھ پاس کیا۔ انھوں نے ۱۹۴۵ء میں ایف۔ اے۔ میں داخلہ لے لیا۔ امتیازی پوزیشن کی وجہ سے انھیں وظیفہ جاری ہو گیا۔ ان کا شعور بالیدہ ہو چکا تھا۔ لہٰذا انھوں نے آزادیٔ وطن کے متوالوں کے ساتھ بھی اپنے تعلقات کو بڑھایا اور وطن کی آزادی میں حصہ لینے لگے۔ انھیں تقسیم ملک سے کافی اختلاف تھا۔ وہ کالج میں اسٹوڈینٹس

یونین کے سکریٹری چن لیے گئے اور آس پاس کے اضلاع میں اجلاس میں جانے لگے اور خطاب کرنے لگے۔

کانپور کے ایک عوامی جلسے کو انھوں نے اس وقت خطاب کیا جب پنڈت جواہر لال نہرو وہاں آنے والے تھے۔ نہرو جی کے آنے سے قبل ہزار ہا افراد نے اس نوجوان خطیب کی تقریر سنی اور زندہ باد کے نعرے بلند کیے گئے۔ دراصل آزادیٔ وطن کا سبق انھیں اپنے خالو مولانا حسین احمد مدنی سے ملا تھا لیکن تقسیم ملک نے ان کے دل کو توڑ دیا۔ ۱۹۴۹ء کا یہ اہم واقعہ کہ جب ۲۳۔ ۲۲ دسمبر کی درمیانی شب میں اجودھیا کی باہری مسجد میں ہنومان گڑھی کا مہنت ابھے رام مسجد کی دیوار پھاند کر اندر داخل ہوا اور درمیانی گنبد کے نیچے رام کی مورتی رکھدی۔ مسلمانوں میں بے چینی پھیل گئی۔ ہندوؤں نے ہنگامہ کیا کہ رام للا پر کٹ ہوئے ہیں۔ مسلمانوں نے اس کے خلاف ملک بھر میں احتجاجی جلسے کیے تو ملک زادہ منظور احمد نے بھی ایک جلسے میں اس کے خلاف زبردست تقریر کی جس پر کانگریسیوں نے کہا کہ ارے یہ تو مسلم لیگی ہے۔ ملک زادہ منظور احمد نے کہا کہ جب کانگریسی ہندو سبھا کا مظاہر کر سکتے ہیں تو مسلمان کانگریسیوں کو مجبوراً مسلم لیگ کا مظاہر کرنا پڑتا ہے۔

میرا مضمون طویل ہوتا جا رہا ہے جبکہ میں اسے مختصر لکھنا چاہتا ہوں مگر جیسا کہ میں تحریر کر چکا ہوں کہ ملک زادہ منظو احمد کے کارنامے دراصل اتنے ہیں کہ ان پر کئی کتابیں لکھی جا سکتی ہیں۔ خیر۔ ملک زادہ منظور احمد نے پہلے تاریخ اور پھر انگریزی میں ایم۔اے۔ کیا لیکن اردو سے روحانی رشتہ کی وجہ سے بعد میں اردو سے ایم۔اے۔ کیا۔ جلد ہی " مولانا ابوالکلام آزاد اور فکر و فن " پر مقالہ مکمل کیا اور

دانشوروں میں شمار ہونے لگے۔ وہ ۱۹۵۱ء میں جی۔ وی۔ ایس۔ کالج مہاراج گنج میں تاریخ کے معلم، ۱۹۵۲ء میں جارج اسلامیہ کالج، گورکھپور میں تاریخ کے لکچرار، ۱۹۵۲ء سے ۱۹۶۴ء تک شبلی کالج اعظم گڑھ میں انگریزی ادبیات کے لکچرار اور ۱۹۶۴ء سے ۱۹۶۸ء تک ریڈر اور پروفیسر اور صدر شعبۂ اردو رہ کر لکھنؤ یونیورسٹی سے ۱۹۹۰ء رٹائر ہوئے۔ وہ ایک عرصہ تک اردو اکادمی، اتر پردیش کے چیرمین بھی رہے جہاں انھوں نے اردو کے لیے بہت سے کام کیے۔

ملک زادہ منظور احمد پوری اردو دنیا میں واحد ایسے ناظم مشاعرہ تھے کہ جن کا ثانی نہ ہندوستان میں ہو سکا ہے اور نہ پاکستان میں۔ انھیں غزل اور نظم کی طرح نثر پر بھی بھرپور دسترس حاصل تھی۔ ملک زادہ منظور احمد کی غیر معمولی صلاحیت، جولانیِ طبع اور تخلیقی ذہانت ان کے فن اور شخصیت میں زندہ و جاوید ہو کر قاری کے سامنے آتی ہے۔ انھوں نے اردو رابطہ کمیٹی بنا کر گزشتہ چالیس سال سے اردو کے آئینی حقوق کی ملک گیر تحریک چلا رکھی ہے جس کے پلیٹ فارم سے وہ مسلسل اردو کی بقا کے لیے کوشاں ہیں۔ مجھ کو انھوں نے کمیٹی کا جنرل سکریٹری بنا رکھا ہے جو ان کے خلوص کی بات ہے۔ ہمارے ملک میں اردو مخالف اور تنگ ذہنوں کے ذریعے ہونے والی سازشوں سے وہ خائف نہیں تھے۔ انھیں امید تھی کہ ہر رات کے بعد سحر ہوتی ہے اور یقیناً ایک دن ایسا سورج نکلے گا کہ ہم کہہ سکیں گے "اردو زندہ باد۔ اردو پائندہ باد"۔

ملک زادہ منظور احمد کی بہت سی کتابیں منظر عام پر آچکی ہیں جن میں "غبار خاطر کا تنقیدی مطالعہ"، "مولانا آزاد الہلال کے آئینے میں"، "نگارشات ملک زادہ

منظور'، "ابو الکلام آزاد فکر و فن"، "کالج گرل"(ناول)، "اردو کا مسئلہ"، "شہر سخن"، "رقص شرر"(خود نوشت)، 'نظیر اکبر آبادی کی غزلوں کا انتخاب""اردو کا مسئلہ" وغیرہ۔ انھیں حکومت، ادبی اور نیم ادبی تنظیموں نے بہت سے اعزازات سے بھی نوازا ہے۔ ملک زادہ منظور احمد پر یہ مختصر سی تحریر جس میں ان کے تعارف کا حق ادا نہیں کر سکا، یقینا آپ میری بات کی تائید کریں گے لیکن میں خدا کے حضور دعا گو ہوں کہ ان کو جنت مین اعلیٰ مقام عطا فرمائے۔ ملک زادہ منظور کو کو دیکھ کر ہم نئے لوگ خود کو بہتر ادیب، شاعر اور مہذب بنا سکے تھے۔ ان کی نیکی اور ایمان کی اس سے بڑی خوش نصیبی اور کیا ہو سکتی ہے کہ جمع کے دن ۲۲/ اپریل ۲۰۱۶ء کو وہ بھی نماز جمع کے بعد وہ اپنے خالق حقیقی سے جا ملے۔ زندگی کے آخری سان س تک انہوں نے مایوسی کی بات نہیں کی مسکراتے ہوئے ہم سب کو اکیلا چھوڑ گئے۔ ان کا سب سے بڑا کمال یہ تھا کہ وہ نئے لکھنے والوں کی تربیت اور سرپرستی کرتے تھے۔ ان کی زندگی کا مطالعہ کرنے کے بعد معلوم ہو گا کہ وہ ہمیشہ چلنے کے قائل تھے اور آخری سانس تک حوصلوں کی بات کرتے رہے۔ انھوں نے کبھی اپنی جانب سے کسی کو تکلیف نہیں دی اور خود ہی اپنے دو خاندانوں کی سرہرستی کرتے رہے۔ ان کے چلے جانے سے جو خلا پیدا ہوا ہے اس کا بھرنا ناممکن ہے۔ خدا ان کو جنت میں اعلیٰ مقام عطا فرمائے اور ان کے خاندان اور اہل اردو کو صبر کی توفیق دے۔ وہ بظاہر نہیں ہیں لیکن ہمیشہ وہ ہمارے دلوں میں زندہ رہیں گے۔ ان کو سب سے بڑا خراج عقیدت یہ ہو گا کہ ان کے اردو کے تیئں فنا ہونے اور اردو کو قائم رکھنے کے جذبے کو آگے بڑھایا جائے۔ آخیر میں قارئین کی عدالت میں بغیر کسی

تبصرے کے ملک زادہ منظور احمد کے کچھ اشعار اور ان کی ایک نظم کے ایک حصے کو پیش کرتے ہوئے یہ تحریر ختم کر رہا ہوں:

جب کبھی حسن یقیں حسن گماں نکلا ہے
شمع فانوس محبت سے دھنواں نکلا ہے

*

ہر نفس ان کا تصور، ہر قدم ان کا خیال
لطف منزل میں کہاں جو جادۂ منزل میں ہے

*

کون سلجھائے گا اب گیسوئے جاناں دیکھیں
آج کے دور کا انسان پریشاں ہے بہت

*

دروازے پر آہٹ سن کر اس کی طرف کیوں دھیان گیا
آنے والی صرف ہوا ایسا بھی ہو سکتا ہے

*

دریا میں طلاطم ہو تو بچ سکتی ہے کشتی
کشتی میں طلاطم ہو تو ساحل نہ ملے گا

*

ہمارے شعروں میں مقتل کے استعارے ہیں
ہماری غزلوں نے دیکھا ہے کوچۂ قاتل

ہر ایک لفظ پریشاں ہر ایک مصرعہ اداس
ہم اپنے شعر کے مفہوم پر پشیماں ہیں
خدا کرے کہ جو آئیں ہمارے بعد وہ لوگ
ہمارے فن کی علامات کو سمجھ نہ سکیں

****

۸

مرزاغالب کے ایک شعر کی تفہیم

ظفر عالم قاسمی

اردو زبان کے قدیم اور معروف شاعر اسد اللہ خان غالب کا ایک شعر ہے۔

بس کہ دشوار ہے ہر کام کا آساں ہونا
آدمی کو بھی میسر نہیں انساں ہونا

مرزاغالب اس شعر میں اس حقیقت کو بیان کرتے ہیں کہ دنیوی زندگی میں جو بھی امور درپیش ہوتے ہیں وہ عموماً سہل نہیں ہوتے بلکہ ہر کام مشکل سے عبارت ہے، چنانچہ یہ مقولہ درست ہے کہ مشکل کے بعد آسانی ہے، انسان تمام مشکلات سے نبرد آزما ہونے کے بعد ہی کسی کام میں کامیابی کے زینے تک پہنچتا ہے چنانچہ غالب کہتے ہیں: دنیاوی زندگی میں ہر عمل دشوار ہے اور دشواری کی انتہا یہ ہے کہ آدمی جو کہ اشرف المخلوقات ہے، اس کے لئے بھی کمال انسانیت کے مرتبہ تک پہنچنا سہل نہیں ہے، اگرچہ کچھ لوگ خود کو دوسروں سے منفرد تصور کرتے ہیں مگر باطنی طور پر وہ لوگ انسانیت کی صفت سے عاری ہوتے ہیں، غالباً مضطر مجاز نے ایسے ہی لوگوں کے تعلق سے طنزاً کہا ہو گا کہ

رکھتا نہیں کسی سے کوئی اختلاف میں
باتیں ضرور کرتا ہوں کچھ صاف صاف میں

موجودہ دور سائنسی ترقی کا دور ہے تاہم غور کیا جائے تو معلوم ہوگا کہ انسانیت ابھی ترقی سے کوسوں دور ہے، بقول خلیل تنویری

زمانہ لاکھ ستاروں کو چھو کے آجائے
ابھی دلوں کو مگر حاجتِ رفو ہے بہت

غالب کے مذکورہ شعر کی روشنی میں حقیقی انسان وہ ہے جس کو دیگر انسانوں سے غایت درجہ محبت ہو، وہ علاقائیت، لسانیت، قومیت اور رنگ و نسل سے بالاتر ہو کر صرف اور صرف انسانیت کی بنیاد پر ایک دوسرے سے تعلق رکھے۔ یہی انسانیت کا تقاضہ ہے، مگر حالات اس کے برعکس ہیں، آج ہر فرد ایک دوسرے کے تعلق سے بغض و حسد میں مبتلا ہے بقول شاعر

حسد کی آگ ہے اور داغ داغ سینہ ہے
دلوں سے دُھل نہ سکا وہ غبار کینہ ہے

کسی کی زندگی کے حوالے سے عیب جوئی سراسر جرم ہے مگر یہ ہمارا وطیرہ ہے کہ ہم اس عیب کو عیب تصور نہیں کرتے اور اس تعلق سے کبھی اپنے نفس کا محاسبہ نہیں کرتے کہ ہمارے اندر کیا عیوب ہیں۔ اپنے عیوب پر نظر رکھنے والا شخص کبھی کسی کے عیب کی تلاش میں نہیں رہتا، اسے تو صرف اپنی ہی اصلاح کی فکر دامن گیر رہتی ہے۔

دشمن تو وہیں ذات گرامی میں چھپا تھا

باہر کو گھماتے رہے تلوار میاں جی

کچھ لوگ اپنی زندگی میں اچھے اوصاف پیدا کرنے کی سعی ضرور کرتے ہیں تاہم تکمیل کمال ہوتے ہوتے وہ زوال کی تمہید ہو جاتے ہیں بقول شاعر

تکمیلِ کمال ہوتے ہوتے

تمہیدِ زوال ہو گئے ہم

غالب نے بجا کہا ہے کہ

بس کہ دشوار ہے ہر کام کا آساں ہونا

آدمی کو بھی میسر نہیں انساں ہونا

ایسا کبھی قطعی نہیں ہوا کہ دنیا سے مکمل طور پر شر ختم ہو گیا ہو، اگرچہ انسان کے اندر شر کی قوتیں خیر کی طاقتوں سے ہمیشہ نبرد آزما رہی ہیں، آپ اسے انسان کی فطرت کہہ سکتے ہیں، ان شر انگیز طاقتوں کو آپ منفی قوتوں کا عنوان دے سکتے ہیں، ہر منفی سوچ، ہر تخریبی خیال، ہر انسان دشمن منصوبہ خواہ اس کا تعلق انسان کی اپنی ذات سے ہو، یا اس کے ماحول سے ہو، یا ملک یا اس کی سرزمین سے ہو، تمام اسی کی کارستانی تصور کی جاتی ہے۔ ہوس، لالچ، ظلم، بدعنوانی، بدامنی، بدعہدی، بے وفائی، فریب کاری، بزدلی، منافقت، خیانت، جھوٹ، بے ادبی، بغض و عناد، انا پرستی، چوری، ڈاکہ زنی، قتل و غارت اور وحشت و بربریت یہ تمام اسی کی ایجاد کردہ ہیں اور اسی کے گرداب میں وہ آج تک پھنسا ہوا ہے۔ شک، بے یقینی اور مایوسی انسان کی صفات نہیں ہیں، یہ تو شیطان کے اسلحے ہیں اور شیطان جب ان اسلحوں سے مسلح ہو کر حملہ آور ہوتا ہے تو بڑے بڑے پختہ عزم انسان اس کے محکوم ہو جاتے ہیں۔

سچ کہا ہے غالب نے کہا

بس کہ دشوار ہے ہر کام کا آساں ہونا
آدمی کو بھی میسر نہیں انساں ہونا

مرزا غالب نے اس شعر میں انسان کو صحیح انسان بننے کی طرف راغب کیا ہے، یہاں یہ بات قابل ذکر ہے کہ انسان کے سارے مسائل کی بنیادی وجہ الہامی تعلیمات سے بے تعلقی ہے۔ اسی بے تعلقی نے آج انسان کو شیطانی قوتوں کے سامنے بے بس کر دیا ہے اور انسان نبی آخر الزماں حضرت محمد مصطفی ﷺ کی آمد کے چودہ سو برس گذر جانے کے بعد بھی شبہات کی تاریکیوں میں ہے، انسان نے ستاروں پر کمندیں ڈال دی، سورج کی روشنی کو قابو میں کر چکا، ساری کائنات کو ایک مٹھی میں بند کرنے کے باوجود وہ الہامی ہدایات کے حوالے سے اب بھی شکوک و شبہات میں مبتلا ہے۔ اور احسن تقویم کا جو اعزاز خدا نے اسے عطا کیا ہے ، انسان ابھی اس اعزاز کو قبول کرنے سے بہت دور ہے۔ بقول اقبال

ڈھونڈنے والا ستاروں کی گذر گاہوں کا
اپنے افکار کی دنیا میں سفر کر نہ سکا
جس نے سورج کی شعاعوں کو گرفتار کیا
زندگی کی شبِ تاریک سحر کر نہ سکا

آج کے مادہ پرست دور میں جب دنیا، حب مال، حب دولت، حب جاہ و حشم، حب شہرت، حب رتبہ و عہدہ نے 'خدا' کی جگہ لے لی ہے، جبکہ ہر انسان کو مثبت رویوں کے سانچے میں شعوری طور پر خود کو ڈھالنا چاہئے، کیونکہ اسی صورت میں

انسان رشتے، انسانی روابط استوار ہو سکتے ہیں اور مسلک و مشرب، رنگ و نسل اور ذات و برادری کی تفریق ختم ہو سکتی ہے اور بے چین انسانیت کو آرام و اطمینان مل سکتا ہے۔

آج انسان میں انسانی صفات مفقود ہونے کے سبب خدا کی آراستہ کائنات تباہ ہو رہی ہے۔ نت نئی برائیاں پروان چڑھ رہی ہیں، انسانی اقدار پامال ہو رہے ہیں۔ چمنستان انسانیت خزاں رسیدہ ہوتے جا رہے ہیں، انسانی رشتے بری طرح شکست و ریخت سے دوچار ہیں، خوددار لوگ تڑپ تڑپ کر جی رہے ہیں اور پُر آشوب حالات سے مقہور ہیں اور انسان امن و سکون کے لئے بے قرار ہے، آج انسانی دنیا پر غالب کا یہ شعر بہر حال صادق آتا ہے کہ

بس کہ دشوار ہے ہر کام کا آساں ہونا
آدمی کو بھی میسر نہیں انساں ہونا

کسی فلسفی سے پوچھا گیا کہ بڑا آدمی کون ہے؟ اس نے جواب دیا کہ "ہر انسان میں فطری طور پر دو قسم کی قوتیں کار فرما ہوتی ہیں، ایک قسم کی قوت اسے بلندی کی طرف کھینچتی ہے اور دوسرے قسم کی قوت اسے پستی کی طرف لے جانا چاہتی ہے، بڑا آدمی وہ ہے جو پہلی قسم کی قوت کے بل چلتا ہے جو کہ اسے بلندی کی طرف لے جاتی ہے اور دوسرے قسم کی قوت اسے تنزلی و پستی کی طرف لے جاتی ہے۔ خلاصہ یہ کہ ہر انسان میں خدا کی طرف سے دونوں طرح کی قوتیں ودیعت کی گئی ہیں اور یہ اس کے اختیار میں ہے کہ وہ چاہے تو بڑا آدمی بن جائے یا چھوٹا آدمی بنا رہے۔ فطری طور پر اس کا اختیاری عمل ہے، لیکن ہم اس کے لئے اپنی قسمت کو بُرا

بھلا کہتے ہیں، حالانکہ انسان کا عمل خود اس کی قسمت ہے، قسمت کا بہانہ دراصل ایک شیطانی فریب ہے اور انسان اس کے فریب میں مبتلا ہے اور عمل کے میدان میں قدم رکھنے سے گریزاں ہے۔ قرآن میں ہے یعنی جس نے ذرہ بھر نیک عمل کیا ہوگا وہ اس کو (بروز قیامت) دیکھ لے گا اور جس نے ذرہ بھر برا عمل کیا ہوگا وہ اسے دیکھ لے گا۔ اس خدائی ارشاد سے یہی معلوم ہوتا ہے کہ انسان کا عمل ہی اس کی قسمت ہے۔ بقول علامہ اقبال

عمل سے زندگی بنتی ہے جنت بھی جہنم بھی
یہ خاکی اپنی فطرت میں نہ نوری ہے نہ ناری

***

۹

مہاراجہ سرکشن پرشاد شادؔ کی سلطنتِ شعری

ظفر سعیدی

مہاراجہ سرکشن پرشاد شادؔ سلطنت آصفیہ کے ایک منفرد اور نامور شاعر تھے۔ وہ بیک وقت کئی مناصب (یمین السلطنت، جی سی آئی ای، پیشکار، مدارالمہام) پر فائز تھے۔ غیر معمولی مصروفیات کے باوجود انہوں نے شاعری جیسے صنف سخن میں طبع آزمائی کی وہ بھی بھرپور طریقے سے

طبع موزوں کی بدولت کبھی لکھ لیتا ہوں
غزل و قطعہ رباعی کبھی فرد وافراد

ان کے کسی شعر میں فنی لحاظ سے کوئی خامی نظر نہیں آتی۔

کلام جتنا ہے سب ہے فصیح اور بلیغ
مگر کہوں تو برا کیا ہے تم کو رشکِ کلیم

شاد نے شاعری میں اپنی نفسیات اور کیفیات کا اظہار کیا ہے اور آزاد نظمیں زیادہ کہی ہیں، حالانکہ آزاد نظموں میں غیر معمولی پابندیاں ہیں، ان کے اشعار ان کے روشن افکار سے منور ہیں، وہ نئے انداز فکر کے شاعر تھے، ان کے اشعار سے فکر

کے قندیل روشن ہوتے ہیں۔

گل و بلبل کے فسانوں کا نہیں ہوں عاشق
نہ تو گلچیں ہوں گلستاں کا نہ ہوں میں صیاد

شاد کی شاعری کو اردو ادب میں ایک ایسے ستون کی حیثیت حاصل ہے جس پر اردو ادب کا موجودہ منظر رقص کرتا نظر آتا ہے، ان کی شاعری روایتی شاعری نہیں ہے ،انہوں نے اپنی شاعری میں اشاروں اور کنایوں سے بڑا کام لیا ہے

مجھ کو آتا نہیں غیروں سے کروں فرمائش
نام سے اپنے پڑھوں اور ہوں طالبِ داد

سر کشن پرشاد شادؔ کا ذہن تعمیری تھا، ان کے یہاں یاسیت، قنوطیت کا کوئی شائبہ نہ تھا، وہ تاریک فضاؤں سے روشنی کشید کرنے کا ہنر جانتے تھے، وہ جس پُر امید نگاہوں سے اپنی زندگی کو دیکھتے تھے، ان ہی نگاہوں سے وہ اپنے سامعین کو دیکھتے تھے ،کیونکہ ان کا یہ احساس تھا۔

اسی خدا نے دیا خلعت سخن دانی
اسی کے لطف و کرم سے بنے ہو تم بھی فہیم

یہ مختصر مضمون شاد کی مختصر سوانح اور شاعری پر مبنی ہے۔ ان کی زندگی کے تمام پہلوؤں پر تبصرہ مشکل ہے۔ آج ایسے دور میں جبکہ شاعروں اور تشاعروں کے ہجوم میں اردو شاعری کا رشتہ قاری سے ٹوٹتا جا رہا ہے، اردو کے مایہ ناز خادم اور شاعر سر کشن پرشاد شادؔ کا تذکرہ ضروری ہے ۔بے لوث اور بے نیاز جذبہ خدمت کے ساتھ جو صاحبان قلم صف اول کی زینت تھے ،یکے بعد دیگرے رخصت ہو گئے،

کاش انسانی زندگی کا گم کردہ کارواں پھر اسی راہ پر چل نکلے جس پر سر کشن پرشاد جیسے انسانیت نواز حکمراں و شاعر گامزن تھے۔ ان کی انسانیت نوازی کو بہت سے اہل قلم شعوری طور پر چھپانے کی کوشش کرتے ہیں ۔

آئے تھے ہم سے بات بھی کرنے نہ پائے وہ
روکا حیاو شرم نے ان کی زبان کو
میں نے جو شادؔ ان سے کیا وصل کا سوال
اٹھ کر وہ سیدھے چل دیئے اپنے مکان کو

پہلے میرا خیال تھا کہ کشن جی کا لائحہ عمل انگریزوں کی خوشنودی اور مفاہمت تک محدود ہے، ان کی زندگی کی روئیداد پڑھ کر میرا یہ نظریہ تبدیل ہو گیا۔ جہاں تک ان کے سیکولر ہونے کا تعلق ہے اس میں دورائے نہیں بلکہ وہ سیکولرازم کی مائیت و معنویت سے دوچار قدم آگے تھے، کیونکہ ان پر انسانیت نوازی حاوی تھی وہ واقعی ہندوستان کی گنگا جمنی تہذیب کے مظہر اور قومی یکجہتی کے علمبردار تھے۔

ہزاروں گلستان میں غنچے کھلے ہیں
مگر ہے عنادل سے زینت چمن کی

شاد اپنے نقطہ نظر کے لحاظ سے بیحد سیکولر تھے۔ انہوں نے اپنے سیکولر کردار کا اظہار کرتے ہوئے کہا تھا کہ "میں نے تین ہندو اور چار مسلم خواتین سے شادیاں کیں اور ان کے بطن سے میری ۳۰ اولادیں پیدا ہوئیں" واضح رہے کہ ان میں سے چند ان کی زندگی میں فوت ہو گئے۔ ہندو بیویوں سے پیدا ہونے والے بچے ہندو مذمت سے وابستہ رہے اور مسلمان بیویوں سے اسلام مذہب سے اور ان کی شادیاں

بھی ان کے اپنے اپنے مذہب کے مطابق ہوئیں، حالانکہ ان کی متعدد بیویاں تھیں تاہم انہوں نے اپنے تجربے کی بنیاد پر لوگوں کو ایک شادی کی فہمائش کی۔

وحدت ہے اگر گہر، صدف سینہ ہے
دل میں نہیں کچھ حد، یہ بے کینہ ہے
بینا ہو اگر کوئی تو دیکھے اے شاد
اسرارِ الٰہی کا یہ گنجینہ ہے

سرکشن پرشاد شاد بیحد رحمدل اور غریب پرور انسان تھے، ان کے پاس جو کوئی شخص مالی مدد کے لئے آتا وہ اس کو بن دیئے واپس نہ کرتے، ان کے سکریٹری نواب مہدی نواز جنگ محمد بن علی باوہب کے بقول وہ یومیہ ۳۰۰ روپے مسکینوں اور غریبوں میں تقسیم کرتے تھے ،ضرورت مند لوگ ان کی کار کا تعاقب کرتے، ان کی کار میں سکے سے بھرے دو بیگ ہوا کرتے، وہ اپنا سر نیچے اور آنکھیں بند کر کے غریب لوگوں کے ہجوم میں پیسے پھینکتے، کسی کو حقیر دیکھنا ان کو قطعی ناپسند تھا۔ وہ غیر معمولی سخاوت کے باعث تہی دست بھی ہوئے۔

عزت کا تقاضا ہے کروں میں نہ سوال
مجبور ہوں اے شاہ برا ہے اب حال
اک قحط ہے قرضہ بھی ہے تنخواہ نہیں
پہنچی ہے یہ نوبت کہ ہو مردار حلال

شاد بڑے خاندان کے چشم و چراغ تھے۔ ان کی پیدائش یکم جنوری ۱۸۶۴ء کو حیدرآباد میں ہوئی۔ ان کا سلسلہ نسب مغل بادشاہ جلال الدین محمد اکبر کے وزیر

مالیات راجہ ٹوڈر مل سے ملتا ہے۔ شاد دولت آصفیہ (حیدرآباد) کے دوبار وزیراعظم رہے۔ انہوں نے فن شاعری میں خوب طبع آزمائی کی، شعر و شاعری کا ان پر جنون طاری تھا

کہتے ہیں فنِ سخن میں نہیں ہے استعداد
لوگ سچ کہتے ہیں اے شاد بجا ہے ارشاد

شاعری میں ان کا تخلص شاد تھا، وہ بیک وقت دنیا کی متعدد زبانوں فارسی، عربی، اردو، ہندی، گرمکھی اور انگریزی سے واقف تھے تاہم انہوں نے صرف فارسی اور اردو میں شاعری کی۔ ان کے دل میں عظیم شعراء کی بیحد قدر و منزلت تھی انہوں نے رابندر ناتھ ٹیگور اور اپنے عہد کے اردو شاعر فانی بدایونی کو حیدرآباد مدعو کیا، فانی کو حیدرآباد میں صدر مدرس کے عہدہ کی پیشکش کی۔ شاد کو سیر و سیاحت کا بھی بہت شوق تھا۔ انہوں نے ملک کے بیشتر علاقوں کی سیاحت کی، لاہور سفر کے موقع پر شاعر مشرق علامہ اقبال سے ملاقات کی اور ان کو حیدرآباد آنے کی دعوت دی

مجھے تو اہل ہنر سے ہمیشہ الفت ہے
جو ذی کمال ہیں، بیشک ہیں واجب التعظیم

سر کشن پرشاد شاد کا محل شعر و شاعری کا مرکز تھا۔ ان کا محل مشاعرے کے لئے مشہور تھا۔ وہاں وقفے وقفے سے مشاعرے کا انعقاد ہوتا تھا۔ مشاعرے کے لئے ملک کے نامور شعراء مدعو کئے جاتے تھے، سر کشن پرشاد مشاعرے میں عموماً نظام سابع کی مدحت سرائی کرتے تھے مثلاً

محبوب سا اب کون ہے پیارا مجھ کو
فرقت ہے کب اس کی گوارا مجھ کو
کیجئے نہ کبھی حضور سے شادؔ کو دور
دنیا میں ہے حضرت کا سہارا مجھ کو

شاد کے اشعار پیش کرنے کا انداز بہت پیارا تھا۔ ان کے ہر شعر پر ان کو خوب داد ملتی تھی۔ شاد مشاعرے میں نظام سابع کا بھی کلام پیش کرتے تھے ،ان کے علاوہ کسی اور شخص کو نظام کے اشعار پیش کرنے کی اجازت نہ تھی۔ وہ حضور نظام سے ان کے اشعار اپنی آنکھوں سے چومتے ہوئے وصول کرتے تھے، سلطنت آصفیہ کے سفراء کو ان ہی کے ذریعے ان کے اشعار موصول ہوتے تھے۔

نظام کے شعراء خاص میں عابد علی نامی ایک شاعر تھے، وہ نقالی میں بیحد ماہر تھے، شاد کے ایما پر انہوں نے نسوانی لباس اور لب ولہجہ میں اشعار پیش کئے۔ تبھی سے ان کے نام کے ساتھ "بیگم" کا اضافہ ہوا اور عابد علی بیگم سے مشہور ہوئے۔ شادؔ نے اسی ڈرامائی شاعری کے بعد ان کے لئے ماہوار وظیفہ جاری کیا جو کہ ان کو تاحیات ملتا رہا۔ سن رسید ہونے کے بعد عابد علی محل میں آئے اور ان کا شکریہ ادا کیا، انہوں نے سر کشن پر شاد شادؔ سے کہا حضور! یہ آپ کی سخاوت ہے کہ ضعیفی میں بھی آپ کا وظیفہ جاری ہے۔ شاد نے مسکراتے ہوئے کہا۔ ہاں یہ عجیب بات ہے۔

شاد نے اپنے تمام اشعار اپنے حیات اور نگرانی میں نفیس کتابت اور عمدہ کاغذوں پر طبع کرائے، اس دور کی چھپی ہوئی ان کی کتاب "رباعیات شاد" آج بھی تر و تازہ نظر آتی ہے۔ یہ کتاب ۱۹۱۵ میں محمد رحمت اللہ رعد کے زیر اہتمام نامی

پریس کانپور میں طبع ہوئی۔ شاد نے سفر نامہ کے علاوہ ۶۰ سے زائد کتابیں تصنیف کیں، ان کی شعری تخلیقات "رباعیات شاد" کا مجموعہ ان کی ذہنی کاوش کا قیمتی حصہ ہے۔

شادی کی شاعری بہت معیاری ہے، میری نظر میں ان کے اشعار کی اتنی ہی اہمیت ہے جتنی ذوق، داغ اور فانی کے لکھے ہوئے اشعار کی۔ شاد کی شاعری معصوم ہندوستانی کی پیار و محبت کی مہکتی ہوئی فضا کی عکاس ہے، ان کی شاعری میں سادگی، چاہت، معصومیت اور اپنائیت نظر آتی ہے جو کہ ہندوستان کے خوشبودار ماحول کی ایک جھلک ہے۔

معلوم حقیقت نہیں ساری اس کو
پیغام یہ دے بادِ بہاری اس کو
دونوں عالم کو بھول بیٹھا ہے شاد
اس طرح سے ہے یاد تمہاری اس کو

سرکشن پرشاد شادؔ کو تمام طبقات میں مقبولیت حاصل تھی تاہم ان کے حوالے سے بعض لوگوں کا خیال تھا کہ وہ خود کو ہندو ظاہر کرتے ہیں حالانکہ وہ مسلمان ہیں، لوگوں کا یہ تاثر ان کے توحید پر مبنی اشعار کے تئیں تھا مثلاً

دوزخ جسے کہتے ہیں وسواس کا نام
جنت سے مراد ہے سکون و آرام
آرام و سکون اسی کو حاصل ہے شادؔ
توحید کی مے کا جو کوئی پی لے جام

ان کے مسلمان ہونے کے جو لوگ دعویدار تھے، شاد نے انہیں درج ذیل شعر کے ذریعے جواب دیا۔

میں ہوں ہندو، میں ہوں مسلم، ہر مذہب ہے میرا ایمان
شادؔ کا مذہب شاد ہی جانے، آزادی آزادی ہی جانے

قومی زبان کے ماہ دسمبر کے شمارہ میں سر کشن پرشاد شادؔ سے متعلق مضامین کی شمولیت دراصل اس عظیم شاعر کی بر محل یاد آوری اور خراج عقیدت کا اظہار ہے، جو ایک صاحبِ علم مدیر کی بیدار مغزی کا ثبوت ہے۔ اس سے اپنی قیمتی وراثت کو سینے سے لگانے اور اس پر فخر کرنے کا جذبہ بیدار ہوتا ہے۔

***

۱۰

تکثیری سماج کے نمائندہ شاعر حضرت امیر خسرو

پروفیسر مجید بیدار

ہندوستان کی سرزمین میں مسلمانوں کی آمد سے قبل سادھوؤں اور سنتوں کی تبلیغ کا سلسلہ جاری تھا جو گاؤں گاؤں اور قریہ قریہ گھومتے پھرتے ہوئے خدا کی وحدانیت کی تعلیم عام کرنے کا فریضہ انجام دیتے تھے۔ ایسے سادھوؤں اور سنتوں میں ناتھ پنتھی سادھوؤں کی تعداد زیادہ تھی۔ ان سادھوؤں اور سنتوں کی سرزمین میں جب اسلام کی تعلیمات سے وابستہ صوفیہ کرام اور بزرگان دین کا گزر ہوا تو ہندوستان جیسا عظیم ملک تکثیری سماج کا حصہ بنتا گیا۔ اس ملک میں مسلمانوں کی آمد سے قبل تکثیری سماج کے رجحان کا کوئی ثبوت موجود نہیں تھا۔ ہندوستان میں ویدک دھرم کے توسط سے چار ذاتوں کے نظام اور وحدانیت کو ضرور فروغ حاصل ہوا تھا لیکن انسانوں میں ذات پات، بھید بھاؤ اور رنگ و نسل کے علاوہ اعلیٰ و ادنیٰ کی بنیاد پر تفریق عروج پر تھی۔ یہ تفریق برہمن، ویش، چھتری اور شودر جیسی ذاتوں کی وجہ سے نمودار ہو چکی تھی۔ طبقاتی کشمکش اور ذات پات کے فرق کو مٹانے کا مذہبی اور سماجی مزاج رکھنے والی باہر سے ہندوستان میں داخل ہونے والی قوم مسلمانوں کی

تھی۔ جنہوں نے اسلامی تعلیمات اور اس کے عقائد کے ذریعہ انسانوں میں اتحاد اور رنگ و نسل کے فرق کے خاتمہ پر توجہ دی۔ اسی لئے سرزمین ہندوستان میں تکثیری سماج کی بنیاد رکھنے والے طبقے کی حیثیت سے مسلم صوفیہ کرام، بزرگان دین اور مذہب پسند شعراء کے کارناموں کو نظر انداز نہیں کیا جاسکتا۔

حضرت امیر خسروؒ نے ہندوستان کی سرزمین پر سب سے پہلے تکثیری سماج کے ورثے کو شعری اظہار کا ذریعہ بنایا، جس کا ثبوت حضرت امیر خسروؒ کی پہیلیوں، کہہ مکرنیوں، انمیلیوں اور دو سخنوں میں ملتا ہے۔ حضرت امیر خسروؒ کے پیر بھائی حضرت امیر حسن اعلیٰ سنجریؒ بھی دہلی کے باشندے تھے۔ انہوں نے خلجی فوج کے ہمراہ حضرت امیر خسروؒ کی معیت میں دکن کا رخ کیا تھا لیکن امیر خسروؒ کے معاصر ہونے کے باوجود بھی ان کی شاعری میں تکثیری سماج کی جھلکیاں نظر نہیں آتیں کیونکہ علاؤالدین خلجی کے دکن پر حملے ۱۲۹۴ء کے بعد امیر حسن اعلی سنجریؒ دولت آباد کے باشندے بن کر رہ گئے اور انہیں دہلی کے تکثیری سماج سے استفادہ کا موقع نہیں ملا۔ اس کے بجائے حضرت امیر خسروؒ نے بھی دکن کا رخ کیا، لیکن دہلی کے گیارہ بادشاہوں کے درباروں سے وابستگی کے نتیجہ میں ایک جانب فارسی زبان میں کمال حاصل کرنے کا موقع ملا تو دوسری طرف عوام میں پھیلنے والی ملی جلی زبان کو بھی اظہار کا وسیلہ بنانے کا موقع فراہم ہوگیا۔ ڈاکٹر جمیل جالبی نے حضرت امیر خسروؒ کو "ہند۔ مسلم ثقافت" کی زندہ علامت قرار دیتے ہوئے انہیں تکثیری تہذیب کے اولین نمائندے کی حیثیت سے قبول کیا ہے۔

حضرت امیر خسرو کے ہم عصر اور ان کے پیر بھائی حضرت امیر حسن اعلی

سجزیؒ کو فارسی شاعری کی وجہ سے "سعدی ہند" کا موقف حاصل ہوا ہے۔ جن کی رحلت ۱۳۳۷ء میں بمقام دولت آباد ہوئی۔ انہیں تکثیری سماج کے نمائندہ شاعر ہونے کا شرف حاصل نہ ہوسکا۔ ان کی ایک ریختہ غزل دستیاب ہے۔ حضرت امیر خسرو کو تکثیری سماج کے نمائندہ شاعر کا مقام حاصل ہوتا ہے۔ حضرت امیر خسرو کا فطری رجحان جو ہندوستانی سماج کی ہندوی خصوصیات اور مسلم معاشرے کی اسلامی خصوصیات کو علحدہ کرنے کے بجائے ان دونوں میں اشتراک قائم کرنے کا ذریعہ بنتا ہے۔ اسلام میں موسیقی کی مخالفت موجود ہے۔ اس کے باوجود اپنے پیر و مرشد کی خوشنودی کیلئے راگ راگنیوں کی بنیاد رکھی۔ اس طرح حضرت امیر خسرو نے ہندوستان کی سرزمین میں "پیر پرستی" کی مستحکم روایت کا آغاز کیا۔ انہوں نے تکثیری سماج کی نمائندگی کیلئے ہندوی انداز ہی نہیں بلکہ زبان و بیان کے لہجے کے ہندوی طرز اور الفاظ و محاورے بھی ہندوی سے حاصل کر کے زبان کی انفرادی ساخت کی نمائندگی کی۔ ان کے اشعار کے مطالعہ سے اندازہ ہوتا ہے کہ دو کلچر ایک دوسرے سے گلے مل رہے ہیں اور ان دونوں کے آپسی اتحاد کی وجہ سے تیسرے کلچر کی بنیادیں مستحکم ہو رہی ہیں۔ حضرت امیر خسروؒ کے ملے جلے کلچر کی وجہ سے ہی اردو زبان کے خد و خال بھی اجاگر ہوتے ہیں۔ یہ زبان بلاشبہ ترقی پذیر تیسرے کلچر کی ترجمان بن جاتی ہے۔ یہ تیسرا کلچر ہند المانی اشتراکات کا ثبوت پیش کرتا ہے۔ اسی اشتراک کو ہی سب سے پہلے ہندوستانی تکثیری سماج کا درجہ ہوتا ہے۔ حضرت امیر خسروؒ کی تحریروں کی کوئی ادبی اور معیاری حیثیت ہو یا نہ ہو لیکن ان کے اشعار کی تاریخی اور لسانی اہمیت یہی ہے کہ ان کے مطالعے سے اندازہ ہوتا ہے

کہ ہندوستان میں پہلی مرتبہ وجود میں آنے والے تکثیری سماج کے ذریعہ جس زبان کو اظہار کا وسیلہ بنایا جارہا تھا، اس زبان کے کینڈے اور رنگ وروپ ہی نہیں بلکہ اس کے رواج کے بارے میں بھی اندازہ لگایا جاسکتا ہے۔ دو مختلف قوموں کے زبانوں کے امتزاج سے پیدا ہونے والی تکثیری خصوصیت کی نمائندہ کتاب حضرت امیر خسرو کی تحریر کردہ "خالق باری" اسی سلسلے کی ایک کڑی ہے۔ جسے ایسی لغت قرار دیا گیا جس کی تحریر کے ذریعہ شاعر نے عربی اور فارسی الفاظ کے ہندوی مترادفات کو نظم میں بیان کرکے اردو میں "منظوم لغت" کی بنیاد رکھی۔ حضرت امیر خسروؒ سے متعلق سب سے نایاب ثبوت دکن میں لکھی ہوئی ملاوجہی کی " سب رس" مؤلفہ ۱۰۴۵ھ م ۱۶۳۵ء میں حضرت امیر خسرو کا ایک دوہا نقل کیا گیا ہے جو بطور نمونہ پیش کیا جاتا ہے جس کی صراحت کرتے ہوئے ڈاکٹر جمیل جالبی نے یہ لکھا ہے کہ حضرت امیر خسروؒ کی تصانیف پر صدیوں کی دھوپ چھاؤں نے اضافے اور ملحقات کو جگہ دے کر اس کی شکل تبدیل کردی ہے جس کی وجہ سے محمود شیرانی کو بھی شبہ ہوا۔ حضرت امیر خسروؒ کا سب سے پہلے "سب رس" میں نقل کیا ہوا دوہا اپنے مستند ہونے کی دلیل پیش کرتا ہے۔ دوہا ملاحظہ ہو۔

پنکھا ہو کر میں ڈلی، سائی تیرا چاؤ
منج جلتی جنم گیا، تیرے لیکھن باؤ

انجمن ترقی اردو پاکستان، کراچی کے ایک بیاض میں موجود حضرت امیر خسروؒ کے کلام کے مطالعہ سے خود اندازہ ہوتا ہے کہ اس غزل میں انہوں نے آدھا مصرعہ فارسی کا استعمال کیا ہے۔ آدھے مصرعے میں ہندوستانی روایت کی نمائندگی

کی ہے، سے بذات خود ان کی شاعری کو ملک میں بسنے والی دو بڑی قوموں کے آپسی امتزاج کا نتیجہ قرار دیا جائے گا۔ یہی امتزاج حضرت امیر خسرو کو تکثیری سماج کا نمائندہ شاعر قرار دیتا ہے۔ فارسی اور ہندی آمیز غزل کے اشعار مختلف محفلوں میں دہرائے جاتے ہیں۔ ان اشعار میں دو سماجوں کی زبانوں کی بھرپور نمائندگی ملتی ہے۔ اس لئے غزل کے اشعار سے مستفیض ہونے کا موقع فراہم کیا جاتا ہے۔

زحال مسکیں مکن تغافل دورائے نیناں بتائے بتیاں
کہ تاب ہجراں ندارم اے جاں، نہ لیہوے کاہے لگائے چھتیاں
شبانِ ہجراں، دراز چوں زلف، وروز وصلش، چو عمر کوتاہ
سکھی پیا کوں جو میں نہ دیکھوں تو کیسے کاٹوں، اندھیری رتیاں
چوں شمع سوزاں چوں ذرہ حیراں ز مہر آں مہ بگشتم آخر
نہ نیند نیناں نہ انگ چیناں نہ آپ آوے نہ بھیجے پتیاں
بہ حق روز وصالِ دلبر کہ داد مارا فریب خسرو
پسیت من کہہ دورائے راکھوں دو جائے پاؤں پیا کی کھتیاں

دہلی میں حضرت نظام الدین اولیاء کے مزار پر حضرت امیر خسرو کا تحریر کردہ شعر موجود ہے۔ اس شعر میں بھی جہاں تکثیری سماج کی کیفیت جلوہ گر نظر آتی ہے، وہیں ہندوی روایت بھی اپنے ترقی کے مدارج طئے کرتی ہوئی دکھائی دیتی ہے۔ یہی خوبی حضرت امیر خسرو کی شاعری میں دو اہم قوموں کے ملاپ کا وسیلہ بنتی ہے۔

گوری سووے سیج پہ مکھ پر ڈارے کیس
چل خسرو گھر آپنے سانجھ بھئی چو ندیس

محبوب سے رغبت اور عشق مجازی کی جھلکیوں کی نمائندگی کرتے ہوئے بھی حضرت امیر خسرو ہندوی روایت کا پاس ولحاظ رکھتے ہیں۔ اپنے اشعار میں فارسی اور ہندی کی روایت کو فروغ دے کر انہوں نے جو کارنامہ انجام دیا ہے، وہ تکثیری سماج کی بنیادی خصوصیت ہے۔ اس شعر میں پیر پرستی کی تمام جمالیات سمٹ کر آگئی ہے۔ حضرت امیر خسرو نے اپنی اجداد کی زبان یعنی فارسی کو اہمیت دینے کے بجائے ہندوی خصوصیت کی جانب پیش قدمی کی، جس کا اندازہ حضرت امیر خسرو کی لکھی ہوئی کتاب "غرۃ الکمال" کے دیباچے میں لکھے ہوئے اس شعر سے لگایا جاسکتا ہے جس میں انہوں نے فارسی اور ہندوی امتزاج کے بجائے صرف اور صرف ہندوی خصوصیت کو نمایاں کیا ہے۔

آئی آئی ہماں پیاری آئی
ماری ماری برہ ماری آئی

اردو کے شاعروں نے حضرت امیر خسرو کے اس ہندوی اظہار کو ریختہ کا موقف دیا۔ اس وقت تک تکثیریت اور تکثیری خصوصیات سے آگاہی کا مزاج موجود نہیں تھا۔ اس لئے جب بیسوی صدی کے آغاز یعنی ۱۹۱۱ء کے بعد حیدرآباد کی سرزمین سے پہلی مرتبہ سید علی بلگرامی نے حضرت امیر خسرو کے کلام کی تلاش اور اس کو یکجا کرنے کی آواز بلند کی، سارے ملک میں تکثیری موقف کی نمائندگی کرنے والے بارہویں صدی کے وسط اور تیرہوں صدی کی ابتدائی تین دہائیوں کے دوران زندگی گزارنے والے اس شاعر کی شعر گوئی اور فنی خصوصیات کی طرف توجہ دی گئی۔ غرض حضرت امیر خسرو کی شعری خصوصیات کے ذریعہ یہ ثابت

ہوتا ہے کہ وہ اردو کے اولین تکثیری سماج کے نمائندہ شاعر ہیں۔ ان کی شاعری میں دو قوموں کی تکثیریت کا انداز فارسی اور ہندوی کلام کو گلے ملاکر پیش کرنے سے واضح ہوجاتا ہے۔ اگر حضرت امیر خسرو کے دو سخنے، پہلیاں، کہہ مکرنیاں اور انمیلیاں پیش کی جائیں تو ان میں بھی تکثیری سماج کی جلوہ گری نمایاں ہوگی۔ حالات کے بدلتے ہوئے ہر دور میں امیر خسرو کے نام پر بے شمار اضافوں کے ساتھ ایسے ذخیرے نمایاں ہوگئے کہ جس کے بعد اصل اور نقل کی تمیز دشوار ہوگئی، چنانچہ حضرت امیر خسرو سے منسوب کے کلام سے اجتناب برتتے ہوئے صرف ایسے کلام کی نمائندگی کی طرف توجہ دی جارہی ہے جو عوامی سطح پر مستند اور شعر وادب کے پارکھوں کی دسترس میں ہے۔ غرض حضرت امیر خسروؒ کے کلام میں شامل دو بڑی اہم قوموں کی زبانوں کے الفاظ کے امتزاج سے یہ ثابت ہوجاتا ہے کہ حضرت امیر خسرو نے اپنے دور میں تکثیری سماج کے اہم فرد کی حیثیت سے دو قومی زبانوں کی نمائندگی کو اپنی شاعری کا وسیلہ بنایا۔ اس لئے امیر خسرو کی مستند شاعری انہیں اپنے دور کے تکثیری سماج کے واحد اور نمائندہ شاعر کی حیثیت سے انفرادیت عطا کرتی ہے۔

***

۱۱

میراجی فکر و شعور کا شاعر

عمرو بن حسین باز ہر اطہر

میراجی کا پیدائشی نام محمد ثنااللہ ثانی ڈار تھا۔ وہ منشی محمد مہتاب الدین کے گھر ۲۵ مئی ۱۹۱۲ کو لاہور میں پیدا ہوئے۔ انھیں کم سنی سے ہی شاعری کا شوق رہا ابتداء میں "ساحری" تخلص اختیار کیا تھا بعد میں انھیں ایک بنگالی لڑکی سے عشق ہوگیا یعنی وہ میرا سین کے ایک طرفہ عشق میں گرفتار ہوئے اور "ساحری" کے بجائے "میر آجی" تخلص اختیار کرلیا جو اتنا مشہور ہوا کہ آج بھی ہم انھیں اسی نام سے جانتے ہیں۔

تاریخ ادب اردو میں ۱۹۳۰ تا ۱۹۵۰ کا زمانہ نہایت اہم رہا، چونکہ شعری ادب میں کئی ایک تبدیلیاں رونما ہوئیں خصوصاً وہ دور جدید نظم کے لئے بڑا اہم رہا۔ اس عہد میں ان تبدیلیوں کے لئے کئی ایک شعراء نے اپنا اپنا کردار نبھایا ہے۔ لیکن اس خصوص میں میراجی اور ن م راشد کا نام سر فہرست آتا ہے جنھوں نے اردو میں جدید نظم کی داغ بیل ڈالی اور جدید نظم کو موضوع اور ہئیت کے اعتبار سے نئی وسعتوں سے روشناس کرانے میں جن شعراء نے ایک اہم کردار ادا کیا تھا ان میں

میراجی کو فراموش نہیں کیا جاسکتا۔ میراجی کی شاعری ہندوستانی فضا اور ہندوستانی کلچر کی غماز ہے۔ انھوں نے ہندو دیومالا اور اساطیری موضوعات کو اپناتے ہوئے اور ماضی کی جانب مراجعت کرتے ہوئے شاعری کو ایک نیا رنگ، نیا روپ اور نیا انداز عطا کیا۔

میراجی کی نظموں میں ہندوستانی تہذیب کے علاوہ ہندوستان کے ارضی مظاہروں کی جھلک بھی صاف دکھائی دیتی ہے اور ان کی نظموں میں دھرتی کا لمس اور مٹی کی خوشبو بھرپور انداز میں ظاہر ہوتی ہے۔ یہاں تک کہ انھوں نے عام محاورے، تلمیحات اور استعارات وغیرہ کو بھی ہندی زبان سے ہی اخذ کئے ہیں۔ جو اس بات کا اشارہ ہے کہ انھیں دیومالائی اور ہندی زبان پر کافی مہارت حاصل تھی تبھی تو انھوں نے اس بات کا گہرا اثر قبول کیا مثلاً

دھرتی پر بربت کے دھبے، دھرتی پر دریا کا جال
گہری جھیلیں چھوٹے ٹیلے، بڑے نالے بادل تال
کالے ڈرانے والے جنگل، صاف چمکتے سے میدان
لیکن من کا بالک الٹاہٹ کراتا جائے ہر آن
انوکھا لاڈلا کھیلن کو مانگے چندرمان

یہ ایک حقیقت ہے کہ کوئی بھی شاعر اپنی شاعری میں اپنے ذاتی تجربوں سے قطعی آزاد بھی نہیں ہو سکتا۔ لیکن جو چیز اہمیت کی حامل ہے وہ یہ ہے کہ وہ اپنے ذاتی تجربوں کو کہاں تک اور اپنے شعور کی کس سطح پر شعر کے روپ میں ڈھالا ہے۔ میراجی کی شاعری میں جو کچھ بھی جنس کی تشہیر جھلکتی ہے وہ ان کی زندگی کی الجھی

ہوئی ڈور کے باعث ہی ہوتی ہے۔ اور میراجی کی ہر نظم اپنی جگہ ایک تجربہ ہے ایک اکائی ہے پھر بھی اس کو سمجھنے کیلئے ان کے ذات کے اندر جھانکنے کی ضرورت نہیں۔

علم نفسیات کے مطابق زندگی کے نوے فیصد عوامل انسانی جنس کے شعوری یا غیر شعوری مظاہرے ہوتے ہیں۔ اور "فرائڈ" کا نظریہ بھی اسی بنیاد پر مشتمل ہے جس کے مطابق ادب کی اساس جنس پر ہے صرف اظہار کا انداز مختلف ہے۔ یہی وجہ رہی ہے کہ فرائیڈ اور دیگر انگلستانی اور فرانسیسی شعراء سے متاثر ہوکر اردو ادب میں کئی ایک شعراء و افسانہ نگاروں نے جنس کا اظہار اپنی تخلیقات میں کیا ہے۔ اگر ہم اس تناظر میں فیض اور فراق کے علاوہ میراجی کی شاعری کو پرکھیں تو یہ بات آئینے کی طرف عیاں ہو جاتی ہے کہ فراق نے ان جذبات کو بیباکی کے ساتھ اور فیض نے اپنی ان خواہشات کو شعریت کے لطیف پردوں میں چھپاکر پیش کیا ہے۔ جبکہ میراجی کے یہاں لذت انگیز صورت ضرور ملتی ہے لیکن وہ جذبات کو برانگیختہ ہونے نہیں دیتے بلکہ یہ کہنا زیادہ درست ہے کہ ان کی شاعری کو پڑھتے ہوئے ایک عجیب کیفیت طاری ہو جاتی ہے۔ اس صورت حال میں قصور قاری کا ہوگا میراجی کا نہیں۔ اس ضمن میں ساقی فاروقی کے خیالات دیکھئے :

"میراجی نے آدمی کے ان دکھتے ہوئے زخموں اور زنگ خوردہ جنسی جذبوں کی تطہیر کا فرض شروع کیا۔ جنھیں ہمارے نظم نگاروں نے دانستہ نظر انداز کررکھا تھا۔ اور یوں ہماری نظر میں کہیں بھی کوئی شخصیت پوری طرح سے اجاگر نہ ہوپائی تھی"۔

(مضمون "چار شاعر" رسالہ نیادور ص ۳۱۴)

بیسویں صدی کی عالمگیر اقتصادی زبوں حالی اور سیاسی ہزیمت کوئی ڈھکی چھپی بات نہیں ہے اور اس کا شکار ہندوستان بھی ہوا جو پسماندہ بھی تھا اور ملک سامراجی لوٹ کھسوٹ اور دباؤ کے باعث اپنی مہیب ترین شکل میں ظاہر ہوا اور اسی اقتصادی زبوں حالی، سیاسی ہزیمت جس کی وجہ سے زندگی کے ہر شعبے میں تلخی شامل ہوگئی تھی اور یہی تلخ حقائق اردو شاعری میں بھی داخل ہونے لگے چونکہ ان حقائق کا تعلق راست یا بالراست عوامی زندگی سے تھا۔ دوسری جانب شعراء میں عوام سے قریب آنے کا رجحان فروغ پاتا گیا۔ ایسی ہی تلخ حقائق اور اضطراب کی عکاسی میراجی کے نظموں میں بھی جھلکتی ہے۔ جو اس بات کی غماز ہے کہ ان کی نظر عالمی سیاسی، سماجی اور اقتصادی کشمکش سے بے خبر نہیں تھی بلکہ ان کی نظر نوجوانوں کی پریشانی اور ذہنی انتشار پر بھی تھی جو اس کشمکش کا نتیجہ تھا۔

یہ سچ ہے کہ میراجی کی دروں بین طبیعت نے ان کے ذہنی انتشار کے اسباب کو تخلیقی انداز سے واضح کرتے ہوئے عوام میں ان سے نمٹنے کا احساس اجاگر کرنے کے بجائے جدید نفسیات کا سہارا لیتے ہوئے انھیں جنسی رنگ دے دیا۔ اور اس جدید رنگ سے میراجی نے ایک نیا برندابن تیار کر لیا۔

رات اندھیری، بن ہے سونا کوئی نہیں ہے ساتھ
پون جھکولے پیڑ ہلائیں، تھر تھر کانپیں پات
دل میں ڈر کا تیر چھپا ہے، سینے پر ہے ہاتھ
رہ رہ کر سوچوں میں کیسے پوری ہو گی رات؟
کیسے اپنے دل سے مٹاؤں برہ اگن کا روگ

کیسے سمجھاؤں پریم پہیلی کیسے کروں سنجوگ
رات کی گھڑیاں بیت نہ جائیں دور ہے اس کا دیس
دور دیس ہے پریتم کا اور میں بدلے ہوں بھیس

میراجی کی نظموں میں ایک رنگ قنوطیت کا بھی ہے۔ انکی نظموں میں سماج سے دوری اور شخصیت پرستی بھی صاف جھلکتی ہے اور یہ رویہ خود ان کی اپنی ذات سے ہے۔ چونکہ وہ اپنی جس زندگی کو کل زندگی سمجھ رہے تھے وہ گردابوں اور لامتناہی سلسلے کے سوا کچھ بھی نہیں تھی۔

قسمت کی ہوئی کیسے ٹلے
پھر سر پر آئی کیسے ٹلے
کب دل باتوں سے بہلتا ہے
یہ تو رہ رہ کے مچلتا ہے

میراجی کی زندگی ابتداء سے ہی تلخیوں کا شکار رہی۔ وہ منشی مہتاب الدین کے بڑے صاحبزادے تھے والد ریٹائرڈ ہو چکے تھے اور یہی گھر والوں کی امید تھے اور ان ہی پر گھر والوں کی نظریں مرکوز تھیں۔ جبکہ یہ ظالم سماج اعلی تخلیقی صلاحیتوں کے باوجود انھیں قابل عزت مقام دینے سے قاصر رہا۔ چونکہ میراجی کے پاس میٹرک کی سند نہ تھی سماج کی یہی بے رخی و بے رغبتی ان کی نظموں میں بھی منعکس ہوتی گئی۔

کوئی نہ جانے کوئی نہ جانے مرے دل کا حال
جینا ہے جنجال مجھے اب جینا ہے جنجال

میرا دل ہے دکھ سے بوجھل، دور ہے سکھ کی ڈھال
میٹھے میٹھے من کو بھائے سب دنیا کے گیت
لیکن میرا جیون راگ انوکھا ہے سر تال

میرا جی کا ارادہ فرار اس حد تک بڑھ جاتا ہے کہ وہ راہ فرار اختیار کیلئے گھر بار اور یہاں تک کہ وہ اپنی شریک حیات کو بھی چھوڑنے پر آمادہ نظر آتے ہیں تب ہی تو وہ کہتے ہیں کہ

لیٹے لیٹے جو تیری آنکھوں میں نیند آجائے
میں تجھے چھوڑ کے چل دوں کہیں چل دوں چپ چاپ

"پردہ" میرا جی کی ایک بہترین نظم ہے۔ اس نظم میں دریا سے مل کر ساگر بننے کی خواہش کا احساس ہوتا ہے جس کا اظہار انہوں نے بہت خوبصورتی سے کیا ہے۔

پھر ساگر میں مل جاتے ہم
اور مل کر دھوم مچاتے ہم
یہ گیت ہمیشہ گاتے ہم
"سب گیانی ہیں انجان رہے"
لیکن کیا ہو
ہم اور دیس تم اور دیس

بنیادی طور پر یہ کہا جاسکتا ہے کہ میرا جی کی شاعری ذات کی شاعری ہے فکر و شعور کی شاعری ہے۔ اس کے علاوہ احساسات و جذبات کی شاعری ہے۔ چونکہ وہ حیات و کائنات کو داخلی اور ذاتی تجربوں سے دیکھتے ہیں اور ان تجربوں سے میرا جی

کے اندر ایک احساس جاگتا ہے کہ فنا اور بقا دونوں آکر ان کی ذات میں تحلیل ہو جاتے ہیں۔

زمانہ ہوں میں
مرے ہی دم سے ان مٹ تسلسل کا جھولا رواں ہے
مگر مجھ میں کوئی برائی نہیں ہے
یہ کیسے کہوں میں
کہ مجھ میں فنا اور بقا دونوں آکر ملے ہیں

ماضی، حال اور مستقبل سے میراجی کا تو تنازعہ نہیں ہے وہ اپنی نظموں میں ماضی حال اور مستقبل کے کردار کا بھی یقین کرتے ہیں۔ زمانے میں انہیں کوئی برائی نظر نہیں آتی بلکہ ان کے خیال میں زمانے فرد اور سماج کی تربیت کرتے ہیں۔ یہی وجہ ہے کہ انہیں زمانے میں کوئی برائی نہیں دکھائی دیتی۔

زمانے میں کوئی برائی نہیں ہے
فقط اک تسلسل کا جھولا رواں ہے
یہ میں کہہ رہا ہوں

ان کی نظم "یگانگت" میں ایک ایسا احساس بھی اجاگر ہوتا ہے کہ جو شئے اکیلی ہے جسکی منزل فنا ہی فنا ہے اور وہ تنہائی کا احساس بھی دلاتے ہیں۔

مجھے تو کسی بھی گھرانے سے کوئی تعلق نہیں ہے
میں ہوں ایک۔۔۔ اور میں اکیلا ہوں، اک اجنبی ہوں
کہ جو شئے اکیلی ہے۔۔۔ اس کو فنا ہی فنا ہے

تنہائی جو میراجی کی نظموں میں جھلکتی ہے وہ ان کی حقیقی زندگی سے بھی وابستہ رہی ہے۔ چونکہ ۱۳ نومبر ۱۹۴۹ء کو صرف ساڑھے سینتیس سال کی عمر میں اس جہان فانی سے کوچ کر گئے لیکن ان کی شہرت دنیا کے تمام ممالک میں پہنچ چکی ہے لیکن در حقیقت بھی وہ تنہا تھے۔ کہیں بھی ان کا کوئی دوست نہ تھا۔ اور ان کے آخری سفر میں گنتی کے چار آدمی ہی تھے۔

***

۱۲

ندا فاضلی کی شاعری میں انسانی رشتوں کی نزاکتیں

صابر علی سیوانی

ملک کے ممتاز شاعر ندا فاضلی اب ہمارے بیچ نہیں رہے، لیکن ان کی شاعری اور نثری تحریریں ہمارے درمیان ہیں، جن سے ہم استفادہ کرتے رہیں گے۔ ندا فاضلی کا نام مقتدا حسن تھا، لیکن ندا فاضلی کے نام سے انھیں شہرت حاصل ہوئی۔ مدھیہ پردیش کے شہر گوالیار میں ۱۲ اکتوبر ۱۹۳۸ء کو ان کی پیدائش ہوئی۔ ابتدائی تعلیم گوالیار میں حاصل کرنے کے بعد وہ دہلی چلے گئے۔ دہلی میں تعلیم حاصل کرنے کے دوران ہی تقسیم ہند کا روح فرسا واقعہ پیش آیا۔ تقسیم ہند کے وقت ان کے والدین پاکستان منتقل ہوگئے لیکن انہوں نے ہندوستان میں ہی رہنے کا فیصلہ کیا اور وہ یہیں کے ہو کر رہ گئے۔ ابتدائی دنوں میں ملازمت کی تلاش میں وہ ممبئی گئے، جہاں ماہنامہ شاعر میں معاون مدیر کی حیثیت سے کام کیا۔ انہی دنوں "دھرم یگ" اور "بلٹز" کے لئے بھی وہ لکھتے رہے۔ ندا فاضلی کی سوانح "دیواروں کے بیچ" سب

سے پہلے ماہنامہ شاعر میں قسط وار شائع ہوئی۔ ندا فاضلیا یک مندر سے بھجن سن کر شاعری کی جانب راغب ہوئے۔ انھوں نے میر تقی میر، مرزا اسد اللہ خان غالب، میرا آور کبیر کو بڑی دلچسپی سے پڑھا۔ جب انھوں نے شاعری شروع کی تو ان کے مخصوص لب و لہجے کو پسند کیا جانے لگا۔ یہاں تک کہ فلم بنانے والوں کی نظر ان پر پڑی۔ ساتھ ہی ہندی اور اردو ادب والوں نے بھی ان کی جانب توجہ مرکوز کی۔ اب وہ مشاعروں میں بلائے جانے لگے۔ کئی گلوکاروں اور غزل گانے والوں نے ان کی غزلیں، نظمیں اور گیت گائے جس کی وجہ سے ان کی شہرت عوام و خواص تک پہنچی۔ ان کی ایک غزل جس کا مطلع ہے "دنیا جسے کہتے ہیں جادو کا کھلونا ہے، مل جائے تو مٹی ہے، کھو جائے تو سونا ہے" کافی مشہور ہوئی۔ ان کی غزلیں جگجیت سنگھ اور گلوکارہ کویتا سبرامنیم نے گائیں، خاص طور پر جگجیت سنگھ کی آواز میں فاضلی کی وہ غزل جو "سرفروش" فلم میں شامل ہے بہت مشہور ہوئی۔ اس غزل کا ایک شعر ہے "ہوش والوں کو خبر کیا بے خودی کیا چیز ہے، عشق کیجے پھر سمجھئے زندگی کیا چیز ہے" ان کے یہ نغمے آج بھی بہت پسند کئے جاتے ہیں۔ ندا فاضلی کو ۱۹۹۸ میں ساہتیہ اکیڈیمی ایوارڈ حاصل ہوا۔ ۲۰۰۳ میں انھیں نغمہ نگاری کا اسکرین ایوارڈ ملا۔ ۲۰۰۳ میں انھیں پدم شری جیسے باوقار اعزاز سے نوازا گیا۔ ندا فاضلی نے اپنا پہلا مجموعہ کلام ۱۹۶۹ میں شائع کیا۔ اس کے بعد متعدد شعری مجموعے منظر عام پر آئے۔ سال ۲۰۱۲ میں لفظوں کے پُل، مورناچ، آنکھ اور خواب کے درمیاں، کھویا ہوا سا کچھ، شہر میرے ساتھ چل، زندگی کی طرف، چھ شعری مجموعوں کو یکجا کر کے "شہر میں گاؤں" کے عنوان سے معیار پبلی کیشن دہلی کے زیر اہتمام شائع کیا گیا۔ یہ مجموعہ

۶۶۲ صفحات پر مشتمل ہے۔ ان کے مضامین کا ایک مجموعہ "ملاقاتیں" عنوان سے ۱۹۶۰ میں منظر عام پر آیا۔ انھوں نے ۲۴ کتابیں تصنیف کیں۔ انھیں مہاراشٹرا حکومت کی جانب سے میر تقی میر ایوارڈ بھی حاصل ہوا۔ ندا فاضلی کا ۸ فروری ۲۰۱۶ کو حرکتِ قلب بند ہو جانے کے باعث بمبئ میں انتقال ہو گیا۔ انھیں بمبئ میں ہی سپردخاک کیا گیا۔

دوسرے شعراء کی طرح ندا فاضلی کو بھی حالات اور وقت نے متاثر کیا۔ چونکہ انھوں نے تقسیم ہند کے وقت والدین کو پاکستان ہجرت کرتے ہوئے دیکھا تھا اور خود ہندوستان میں رہنے کا فیصلہ کیا تھا تو ظاہر سی بات ہے انھوں نے تنہا ہندوستان میں رہنے کو ترجیح دے کر ایک بڑی قربانی دی تھی ۔انھوں نے یہاں رہتے ہوئے مذہبی رواداری کو فروغ دینے کا کام اپنی شاعری کے ذریعہ کیا۔ ندا نے تنہائی کا کرب برداشت کیا اور اس کرب کو انھوں نے نہایت سیدھے سادے لفظوں میں بیان کرکے یہ تاثر دیا کہ ہم تنہا ضرور ہیں لیکن تنہائی کے دکھ درد کو لوگوں کے سامنے پیش کرتے رہیں گے۔ ندا کی شاعری میں تنہائی کا جو درد ملتا ہے وہ ان کی زندگی کا وہ حصہ ہے جو ابتداء سے موت تک ان کے ساتھ رہا۔ تنہائی انسان کو کس کس انداز سے سوچنے پر مجبور کرتی ہے اس کا ادراک ندا کی شاعری سے ہوتا ہے۔ شہروں میں رہتے ہوئے بھی انسان خود کو کس قدر تنہا محسوس کرتا ہے، یہ کرب بھی ہمیں ان کی شاعری میں نظر آتا ہے۔ چاروں طرف انسانوں کا ہجوم ہونے کے باوجود انسان خود کو اکیلا محسوس کرتا ہے۔ یہ اس صدی کی سب سے تلخ حقیقت ہے۔ تنہائی کی کربناکی کا اندازہ لگانے کے لئے ندا فاضلی کے اشعار کافی ہیں:۔

ہر طرف ہر جگہ بیشمار آدمی
پھر بھی تنہائیوں کا شکار آدمی

یہ کائنات کا پھیلاؤ تو بہت کم ہے
جہاں سما سکے تنہائی وہ مکان بھی دے

بھیڑ سے کٹ کے نہ بیٹھا کرو تنہائی میں
بے خیالی میں کئی شہر اجڑ جاتے ہیں

ندا کا یہ بھی کہنا ہے کہ حقیقت پسند اور سچائی کا ساتھ دینے والا انسان لوگوں کے درمیان اپنی جگہ نہیں بنا پاتا ہے۔ سچ بولنے کی سزا اسے یہ ملتی ہے کہ وہ تنہا ہو جاتا ہے، حالانکہ وہ آدمی اچھا ہوتا ہے، لیکن اس کی حق گوئی اور صاف صاف منہ پر بولنے والی فطرت اسے لوگوں سے دور کر دیتی ہے۔ وہ مصلحت پسند نہیں ہوتا ہے جس کے باعث وہ بھی شہر میں خود کو تنہا محسوس کرنے لگتا ہے۔ یہی وہ خیال ہے جو ندا نے درج ذیل شعر میں پیش کیا ہے۔

اس کے دشمن ہیں بہت آدمی اچھا ہوگا
وہ بھی میری ہی طرح شہر میں تنہا ہوگا

تنہائی انسان کو کہاں کہاں بھٹکنے پر مجبور کر دیتی ہے اور اس عالم تنہائی میں انسان کن کن دکھوں کو جھیلتا ہے، اس کیفیت کا اظہار بھی ہمیں ندا کی شاعری میں نظر آتی ہے۔ شہر کا استعارہ بار بار ان کی شاعری کا حصہ بنتا نظر آتا ہے۔ یہاں بھی شہر، تنہائی، آنسو، انجانی راہیں اور محفل میں تنہا رہنے کا تصور جس خوبصورت انداز سے پیش کیا گیا ہے اس سے لگتا ہے کہ شاعر نے تجربات کی ایک دنیا تنہائی کے ضمن

میں پیش کر دی ہے۔

تنہا تنہا دکھ جھیلیں گے، محفل محفل گائیں گے
جب تک آنسو پاس رہیں گے، تب تک گیت سنائیں گے
تنہا تنہا بھٹک رہا ہے انجانی سی راہوں میں
شاید اپنے ساتھ وہ اپنے شہر کو لانا بھول گیا
ایک محفل میں کئی محفلیں ہوتی ہیں شریک
جس کو بھی پاس سے دیکھو گے اکیلا ہو گا

آج کے دور کا المیہ یہ بھی ہے کہ انسان اپنے ہم زبان کی تلاش میں ادھر ادھر بھٹکتا پھرتا ہے۔ اپنے ہم مزاج کی فکر اس کو یہ سوچنے پر مجبور کر دیتی ہے کہ آخر یہ دور ایسے لوگوں سے خالی کیوں ہوتا جا رہا ہے کہ کوئی بھی کسی کے لئے فکر مند نہیں ہے، سب اپنے آپ میں گم ہیں۔ کوئی کسی کا درد سمجھنے والا نہیں ہے۔ خاص طور پر تو شہروں میں یہی کیفیت پائی جاتی ہے کہ انسان اپنے کاموں، اپنے مفاد اور اپنی غرض کے لئے کس قدر خود پسند، خود غرض، موقع پرست اور ابن الوقت بن چکا ہے کہ اسے اپنے علاوہ کسی کی بھی فکر دامن گیر نہیں ہوتی ہے۔ اس دور کا یہ سب سے بڑا المیہ ہے اور اسی المیے کو یہاں شاعر نے پیش کرنے کی کوشش کی ہے۔

یہ کیا عذاب ہے سب اپنے آپ میں گم ہیں
زباں ملی ہے مگر ہم زباں نہیں ملتا

آج کا دور مصلحت پسندی کا دور ہے۔ جس نے اس ہنر کو اپنا لیا وہ کامیاب رہا اور جس نے اصولوں کی پابندی کی، حق گوئی کا مظاہرہ کیا اور بیباکی سے اپنی بات

رکھنے کی کوشش کی وہ خسارے میں رہا۔ سچ کو سچ اور جھوٹ کو جھوٹ بولنے سے سراسر نقصان ہی ہوتا ہے۔ شاعر نے جو تجربے کئے اسے پیش کیا ہے۔

جھوٹ کو جھوٹ کہا سچ کو ہی سچ بولا ہے
اس کو سمجھایئے وہ شخص بہت بھولا ہے

ندا فاضلی کے کئی اشعار ضرب المثل کے طور پر استعمال کئے جاتے ہیں۔ یہ وہ اشعار ہیں جن میں تجربات کی ایک دنیا پوشیدہ ہے۔ زندگی کی صداقتیں موجود ہیں اور انسانی رشتوں کی نزاکتیں مضمر ہیں۔ انسانی رشتے کتنے نازک ہوتے ہیں اس کا اندازہ شاعر سے زیادہ اور کون لگا سکتا ہے۔ شاعر چند لفظوں میں تجربات کی ایسی عکاسی کرتا ہے کہ وہ لوگوں کے ذہنوں پر مرتسم ہو جاتے ہیں اور وہ تجربات ان کے اپنے ہی تجربات و احساسات معلوم ہونے لگتے ہیں ۔انسان جلد بازی میں یا غصے کی حالت میں کچھ ایسے فیصلے کر بیٹھتا ہے جو درست نہیں ہوتے ہیں۔ دشمنی میں بھی احتیاط کو ملحوظ رکھنے کی ہدایت کرتے ہوئے ندا کہتے ہیں کہ تم دشمنی ضرور کرو لیکن مکمل طور پر رشتہ ختم مت کرو، کیونکہ کیا معلوم زندگی کے کس موڑ پر وہ دشمن ہی تمہارے کام آجائے۔ ملاحظہ کیجئے ان کا یہ ضرب المثل شعر۔

دشمنی لاکھ سہی ختم نہ کیجیے رشتہ
دل ملے یا نہ ملے ہاتھ ملاتے رہیے

حالانکہ بشیر بدر نے فاصلے سے ملنے کی بات کہی ہے۔

کوئی ہاتھ بھی نہ ملائے گا جو گلے ملو گے تپاک سے
یہ نئے مزاج کا شہر ہے ذرا فاصلے سے ملا کرو

احمد فراز نے بھی اپنے ایک شعر میں اس شخص کی بے رخی کا ذکر کیا ہے جس نے جاتے جاتے سارے سلسلے ختم کر دئے یہاں تک کہ آنے جانے کی بھی گنجائش نہیں رہی۔

سلسلے توڑ گیا وہ سبھی جاتے جاتے
ورنہ اتنے تو مراسم تھے کہ آتے جاتے

ندا فاضلی کا ایک اور ضرب المثل شعر ہے کہ جس میں انھوں نے فوری طور پر کسی کے بارے میں رائے قائم کر لئے جانے سے احتراز کرنے کی بات کہی ہے۔ وہ کہتے ہیں۔

میری غربت کو شرافت کا ابھی نام نہ دو
وقت بدلا تو تری رائے بدل جائے گی

شہر میں گاؤں کا خواب سجانے والا شاعر شہر کی خود غرضی اور مفاد پرست زندگی سے نالاں نظر آتا ہے۔ وہ یہ بھی کہتا ہے کہ گاؤں کی سیدھی سادی زندگی نہایت پر سکون ہوتی ہے۔ وہاں دنیاداری سے لوگوں کو رغبت کم اور انسانی رشتوں کا پاس ولحاظ زیادہ رہتا ہے۔ شہر میں گھوم کر وہ وہاں کا ماحول دیکھتا ہے، لیکن صرف چند دنوں تک ہی اسے شہر اچھا لگتا ہے اس کے بعد اسے گاؤں میں اپنا گھر ہی عزیز معلوم ہوتا ہے۔ شہر میں سب سے ملاقات کرنے کے بعد بھی وہ خود کو تنہا محسوس کرتا ہے۔ شہروں میں جس سے خلوص کی اسے توقع ہوتی ہے وہ وہاں نہیں ملتی ۔یہاں آدمی اشتہار بن کر ملتا ہے۔ یہاں ایسا لگتا ہے کہ لوگوں کی نمائش لگی ہوئی ہے۔ صرف جسمانی چمک دمک اور دیدہ زیب لباسوں میں ملبوس سیاہ دل لوگ

دکھائی دیتے ہیں۔ شہروں کی ذہنیت، رکھ رکھاؤ ،ریاکاری، عیاری، دھوکہ دہی، موقع پرستی اور خود غرضی سے شاعر کو نفرت ہو جاتی ہے اور پھر اسے اپنا وہ گاؤں یاد آتا ہے۔ جہاں آج بھی خلوص، محبت، رواداری اور آپسی میل ملاپ ہے۔ وہاں ہر شخص اپنے آپ میں گم نظر نہیں آتا۔ وہاں تو لوگ ایک دوسرے کے دکھ درد میں خود کو شامل کر لیتے ہیں۔ لیکن شہروں کا یہ حال ہے کہ یہاں پڑوسی تک بھی میت کو کاندھا دینے کے لئے گھر سے نہیں نکلتا ہے۔ اس سے بڑھ کر خود غرضی اور کیا ہو سکتی ہے۔ منور رانا نے صحیح کہا ہے۔

تمہارے شہر میں میت کو سب کاندھا نہیں دیتے
ہمارے گاؤں میں چھپّر بھی سب مل کر اٹھاتے ہیں

شہروں کے بارے میں ندا فاضلی کا جو تصور ہے اسے محسوس کرنے کے لئے درج ذیل اشعار ملاحظہ کیا جا سکتا ہے۔

کچھ لوگ یوں ہی شہر میں ہم سے بھی خفا ہیں
ہر ایک سے اپنی بھی طبیعت نہیں ملتی

نئی نئی آنکھیں ہوں تو ہر منظر اچھا لگتا ہے
کچھ دن شہر میں گھومے، لیکن اب گھر اچھا لگتا ہے

اک عشق نام کا جو پرندہ خلاء میں تھا
اترا جو شہر میں تو دکانوں میں بٹ گیا

نقشہ اٹھا کے کوئی نیا شہر ڈھونڈیئے
اس شہر میں تو سب سے ملاقات ہو گئی

تمام شہر میں ایسا نہیں خلوص نہ ہو
جہاں امید ہو اس کی وہاں نہیں ملتا
یہ شہر ہے کہ نمائش لگی ہوئی ہے کوئی
جو آدمی بھی ملا بن کے اشتہار ملا
ہم نے بھی سو کر دیکھا ہے، نئے پرانے شہروں میں
جیسا بھی ہے اپنے گھر کا بستر اچھا لگتا ہے

انسان اس دنیا میں ہزاروں خواہشیں رکھتا ہے۔ سیکڑوں تمنائیں لئے ادھر ادھر بھاگا پھرتا ہے، لیکن اس کی ہر خواہش پوری نہیں ہوتی۔ کبھی اسے چاہ کر بھی وہ چیز نہیں ملتی ہے جس کی اسے پانے کی شدید خواہش ہوتی ہے اور کبھی بغیر چاہے اسے بہت کچھ مل جاتا ہے۔ وہ حسرتوں اور تمناؤں میں ہی پوری زندگی گزار دیتا ہے، لیکن اس کی حسرتیں پوری نہیں ہو پاتی ہیں۔ اسی مفہوم کو ندا فاضلی نے اپنے ایک شعر میں پیش کیا ہے۔ جس غزل کا یہ مطلع ہے وہ پوری غزل جگجیت سنگھ کی آواز میں شائقین غزل تک پہنچ چکی ہے۔

کبھی کسی کو مکمل جہاں نہیں ملتا
کہیں زمیں تو کہیں آسماں نہیں ملتا

مکمل جہان پانے کی خواہش دل میں پالے ہوئے لوگوں کو نصیحت کرتے ہوئے شاعر کہتا ہے کہ زندگی کچھ خواب اور چند امیدوں کا نام ہے۔ بس انہی کھلونوں سے تم اپنے آپ کو بہلا سکو تو بہلاؤ۔ اس کے علاوہ زندگی کچھ بھی نہیں ہے۔ وہ یہ بھی کہتا ہے کہ یہ دنیا ہے یہاں کوئی کسی کو راستہ نہیں دیتا اپنا راستہ خود

نکالنا پڑتا ہے اور اس کے لئے جد وجہد کی منزلوں سے گزرنا پڑتا ہے۔

یہی ہے زندگی کچھ خواب، چند امیدیں
انہی کھلونوں سے تم بھی بہل سکو تو چلو
یہاں کسی کو کوئی راستہ نہیں دیتا
مجھے گرا کے اگر تم سنبھل سکو تو چلو

انسان جب بلندیوں پر پہنچتا ہے وہ اپنی اصلیت بھول جاتا ہے۔ وہ یہ بھول جاتا ہے کہ کہاں سے اٹھا ہے اور کہاں آپہنچا ہے۔ اسے اپنی اوقات اور اپنی زمینی حقیقت کا قطعی خیال نہیں رہتا ہے۔ وہ اپنا ماضی بھول کر اپنی بلندیوں پر اترانے لگتا ہے، لیکن وہ یہ بھول جاتا ہے کہ بلندیاں ہر وقت کسی کے حصے میں نہیں رہتی ہیں۔ اس لئے زمین کی دھول بھی اپنی اڑان میں رکھنا چاہیئے تا کہ اپنی اصلیت کے پردے سے باہر نہ جانا پڑے۔

چمکتے چاند ستاروں کا کیا بھروسہ ہے
زمیں کی دھول بھی اپنی اڑان میں رکھنا
جو ساتھ ہے وہی گھر کا نصیب ہے لیکن
جو کھو گیا ہے اسے بھی مکان میں رکھنا

ندا فاضلی کی شاعری عام فہم زبان والی شاعری ہے۔ بول چال کی زبان اور سہل الممتنع کے صفت سے مرصع شاعری ہے۔ ان کی شاعری میں کہیں بھی پیچیدگی یا الجھاؤ نظر نہیں آتا ہے۔ ایک سبک رو ندی کی طرح بہاؤ والی شاعری ہے۔ فاضلی نے جن مسائل و موضوعات کو اپنی شاعری میں پیش کیا ہے، ایسا نہیں

ہے کہ یہ مسائل اور معاملات دوسرے معاصر شعراء کے یہاں نظر نہیں آتے، لیکن ان موضوعات کو جس خوبصورتی سے اور نہایت عام فہم زبان میں انھوں نے پیش کیا ہے، وہ انھیں دوسروں سے ممتاز ضرور کرتا ہے۔ انھوں نے عصر حاضر کی زندگی کی انہی حقائق کو اپنی شاعری میں جگہ دی ہے، جسے ہر شخص اپنی زندگی میں محسوس کر سکتا ہے۔ شہروں کی زندگی میں اخلاق و خلوص کا فقدان، تنہائی کا کرب، دنیا کی حقیقت، اپنوں کی بے اعتنائی، سچ بولنے کی سزا، مصلحت پسندی کے فوائد، دشمنی میں حد سے گزر جانے کے نقصانات، خواب اور امیدوں کے کھلونوں سے بہلنے کی بات وغیرہ تمام ایسے رموز و نکات ہیں جن سے انکار ممکن نہیں تاہم وہ جب اپنے تجربات سے گزرتے ہیں تو اس نتیجے پر پہنچتے ہیں کہ دنیا میں رہنا ہے تو مصلحت پسندی سے کام لیناہی پڑے گا اور زمانے کی روش کے مطابق ہی چلنا ہو گا۔

اپنی مرضی سے کہاں اپنے سفر کے ہم ہیں
رخ ہواؤں کا جدھر کا ہے ادھر کے ہم ہیں
اب خوشی ہے نہ کوئی درد رلانے والا
ہم نے اپنالیا ہر رنگ زمانے والا

ندا فاضلی کی شاعری کے حوالے سے ان کے شعری مجموعہ "زندگی کی طرف" میں بہترین تبصرہ ملتا ہے۔ اسے یہاں نقل کرنا بے محل نہیں ہو گا۔

"ندا فاضلی ادب و معاشرہ کے زندہ رشتوں اور ان کی تہذیبی معنویت کے شاعر ہیں۔ ان کے یہاں گھر بھی سالم ہے، گھر کے رشتے بھی زندہ ہیں۔ اور ان رشتوں سے منسلک تاریخی ادوار بھی روشن ہیں ۔ ان کی شاعری ذات میں کائنات

کی شرکت کا ترسیلی عمل ہے۔ اس میں نہ ماضی قریب سے کورانہ انحراف ہے اور نہ اس کی بنیاد میں وہ نظریاتی اختلاف کار فرما ہے، جو طویل عرصے تک ادب میں جدیدیت کا معیار مانا جاتا تھا۔ اس میں الگ الگ شکلوں میں جو کردار مرکزی اہمیت رکھتا ہے، وہ نچلے متوسط طبقے کا وہ فرد ہے جس کے لئے اپنی شرائط پر زندگی کرنا ایک مسلسل مہابھارت کے مماثل "۔ (شہر میں گاؤں صفحہ ۵۶۴)

ندا فاضلی کے دوہے بھی کافی مشہور ہوئے۔ ہندی میں بھی ان کی مقبولیت کا اندازہ اسی سے لگایا جاسکتا ہے کہ ان کے تمام شعری مجموعے ہندی میں آچکے ہیں۔ فلمی نغموں اور مشاعروں کی وجہ سے انہیں خوب شہرت حاصل ہوئی۔ ان کی نظمیں بھی پسند کی گئیں اور ان کے چند اشعار پر تنازع بھی کھڑا ہوا۔ بہر حال اس تفصیل میں نہیں جاکر ہم ان کے اس شعر پر اپنی تحریر کو مکمل کرنا چاہتے ہیں۔

کن راہوں سے سفر ہے آساں، کون سا رستہ مشکل ہے
ہم بھی جب تھک کر بیٹھیں گے، اوروں کو سمجھائیں گے

افسوس کہ دوسروں کو اپنی تھکن کا احساس دلانے کی خواہش رکھنے والا شاعر تھک کر ہمیشہ ہمیشہ کے لئے بیٹھ گیا۔

***

۱۳

عرفان صدیقی کی شاعری
جہانِ معنی کی روشن جہتیں

آشوتوش شریواستو

عرفان صدیقی کو ۱۹۷۰ کے بعد کی غزل کا اہم ترین شاعری تسلیم کیا گیا ہے اور ان کے بارے میں یہ بھی کہا گیا ہے کہ موجودہ عہد میں ان کا سا شاعر پورے ہندو پاک میں کوئی دوسرا نہیں ہے۔ لیکن نئے شعر و ادب سے متعلق رسالوں کی ورق گردانی میں ان کے فن سے انصاف کرنے والے مضامین خال خال ہی نظر آتے ہیں۔ یعنی بڑے ناقدین میں بیشتر کے قلم عرفان کی شاعری کے سلسلے میں اب بھی خاموش ہیں۔

اردو غزل کے وہی موضوعات و مضامین جو بارہا غزل میں بیان کئے جاچکے ہیں عرفان صدیقی کے یہاں بھی موجود ہیں یعنی عشق (عشق مجازی)، تصوف، فقر، آزادی، مزاحمت، یاد پرستی، حسن پرستی، بے سر و سامانی، اداسی، شادمانی، بے حوصلگی ،بلند حوصلگی، جنسی و نیم جنسی شاعری وغیرہ۔ ان میں کون سا ایسا موضوع

ہے جس پر عرفان صدیقی سے قبل شد و مد کے ساتھ طبع آزمائی نہیں کی گئی، لیکن عرفان صدیقی کے یہاں ان موضوعات کے بغور مطالعے کے بعد معلوم ہو گا کہ یہ موضوعات اپنی دوررس معنویت میں ما قبل کی شاعری سے بہت مختلف ہیں اور اس نکتے کی جستجو اور وضاحت کے لئے تفصیلی بحث کی ضرورت ہے۔ اس بحث میں ہم ان موضوعات پر گفتگو کریں گے جنھیں عرفان کا خصوص کہا جاسکتا ہے۔

سب سے پہلے عرفان صدیقی کے عشق کی طرف رجوع کرتے ہیں ۔یہ عشق ہماری شاعری میں تقریباً ایک صدی سے نزع کے عالم میں تھا، خواہ وہ علی گڑھ تحریک ہو یا ترقی پسند تحریک، سب میں عشق بیزاری غالب تھی۔ اگر کہیں عشق تھا بھی تو وہ بڑی کسمپرسی کے عالم میں اور بڑی قدغنوں کے درمیان۔ دوسری طرف رومانیت کی تحریک میں عشق میں افلاطونیت غالب آگئی تھی۔ اس طرح انھیں یہ محسوس ہوا کہ دونوں صورتوں میں عشق کو وہ مقام نہیں ملا جو اسے ملنا چاہئے۔ اسی احساس کی بناپر عرفان عشق کی طرف آئے اور اس کو اصل مقام دلانے کے لئے ہی انھوں نے اپنی شاعری میں اسے ایک مستقل موضوع (عشق نامہ) کے طور پر اختیار کیا۔ عرفان صدیقی سے قبل کچھ شعراء مثلا مومن، حسرت اور فراق بھی عشق کو ایک مستقل موضوع کے طور پر اختیار کر چکے تھے۔ مگر عرفان صدیقی کا معاملہ ان شعراء سے مختلف ہے۔ ان کا محبوب بازاری، عمومی اور سوقیانہ جذباتی والا نہیں ہے، اس کی مثال ان کے وہ اشعار ہیں جن میں انھوں نے محبوب کی بود و باش، اس کے آداب و اطوار، اس کے درجے اور مرتبے کو ظاہر کیا ہے اور یہی وہ منزل ہے جہاں عرفان صدیقی فراق سے بازی مار لے جاتے ہیں اور جو 'ارضیت' فراق

صاحب کے نام سے منسوب ہوگئی تھی وہ اصلاً عرفان صدیقی کے یہاں 'مکمل ارضیت' میں تبدیل ہوتی ہوئی نظر آتی ہے۔ یہی مکمل ارضیت اصل میں ہندوستانی کلچر سے میل کھاتی ہے۔ اس طرح یہ بات ثابت ہو جاتی ہے کہ عرفان صدیقی کا عشق حقیقی ہے جس میں انسانی روح کا سوز و ساز ہے۔

عرفان صدیقی کے یہاں نظم و ضبط کے ساتھ ارتقاء نظر آتا ہے جو عشق کے مختلف shades کو نمایاں کرتا ہے۔ اس کے لئے یہ اشعار ملاحظہ کیجئے۔ جس سے میرا موقف واضح ہو جائے گا:

جسم و جاں کی آگ سے منظر بہ منظر روشنی
اس کا پیکر روشنی میرا مقدر روشنی

یہ مشک ہے کہ محبت مجھے نہیں معلوم
مہک سی میرے ہرن کی طرف سے آتی ہے

ہم سے وہ جان سخن ربط نوا چاہتی ہے
چاند ہے اور چراغوں سے ضیا چاہتی ہے

یاد آئیں جو تری کم سخنی کے انداز
اپنے ہی آپ سے مصروف سخن ہو جاؤں

پہلے شعر میں محبت میں عاشق اپنے جسم و جاں کی آگ سے پورے منظر کو روشن پاتا ہے۔ اس عشق میں محبوب کا پیکر ہی روشن نہیں ہوا ہے بلکہ عاشق اس عشق میں اپنا مقدر بھی روشن ہوتا ہوا دیکھتا ہے۔ اقبال نے عشق کی یہ خوبی بتائی تھی کہ عشق کی مستی سے پیکر گل تابناک ہوتا ہے مگر عرفان صدیقی نے یہ بتایا کہ

عشق سے مقدر بھی روشن ہوتا ہے۔ دوسرے شعر میں محبت اور مشک دونوں کو یکجا اور آمیز کرنے کا بہترین تجربہ پیش کیا ہے۔ محبت کی مناسبت سے مشک اور مشک کی مناسبت سے ہرن اور ہرن سے محبوب کو تشبیہ دے کر انھوں نے اپنا رشتہ روایتی شاعری سے بھی جوڑا ہے اور اپنے جدت پسند ذہن کی عکاسی بھی کی ہے۔ تیسرے شعر میں عرفان صدیقی کا محبوب عشق میں فعال نظر آتا ہے۔ وہ محبت کا قدر آشنا ہے سو اپنے عاشق سے ربط نوا چاہتا ہے۔ اس پر عاشق کو حیرت اور مسرت کا احساس ہوتا ہے کہ محبوب میں غرور نام کو بھی نہیں ہے اور اپنی جان سخن کے لئے حیرت سے کہہ اٹھتا ہے 'چاند ہے اور چراغوں سے ضیا چاہتی ہے'۔ چوتھے شعر میں عرفان صدیقی نے محبوب کی کم سخنی کو آداب محبت کا دستور جانا ہے۔ وہ محبوب کی کم گوئی سے نالاں نہیں بلکہ محبوب کی یہ ادا انھیں بہت کچھ غور و فکر کرنے پر مجبور کرتی ہے اور وہ خلوت میں محبت کے اس انداز پر خود سے کلام کرتے ہوئے نظر آنے لگتے ہیں۔ اس شعر کی کیفیت لاجواب ہے۔ غور طلب بات یہ ہے کہ محبت کا یہ پہلا مرحلہ تھا ان کی اگلی منزل کا ارتقاء ان اشعار میں ملاحظہ ہو:

ہم نے ان لفظوں کے پیچھے ہی چھپایا ہے تجھے
اور انھیں سے تری تصویر بنا چاہتی ہے
مرے لفظوں میں بھی چھپتا نہیں پیکر اس کا
دل مگر نام بتانا بھی نہیں چاہتا ہے

ان دو شعروں میں شاعر محبوب کو دنیا سے چھپانے اور اپنے عشق کی تشہیر سے بچنے کی ناکام کوشش میں مبتلا نظر آتا ہے۔ غور طلب بات یہ ہے کہ یہاں عشق

باعث ننگ یا باعث رسوائی نہیں بلکہ اس پوشیدگی کے عمل میں شاعر کا تکلف کار فرما ہے۔ شاعر کو ہمیشہ اس بات کی فکر رہتی ہے کہ اس کا عشق دنیا کے سامنے نہ آنے پائے، نیز وہ اپنے جذبات کو لفظوں میں ڈھالتا ہے تو بہت سنبھل کر اور بہت محتاط ہو کر۔ اس کے باوجود محبت کی کا فرمائی یہ ہے کہ وہ جس محبوب کا پیکر چھپاتا ہے اور جس کا نام بتانے سے بھی گریز کرتا ہے، اس کی تصویر انھیں لفظوں سے بنتی چلی جاتی ہے۔ عرفان صدیقی کے عشق کی اگلی منزل ان اشعار میں ملاحظہ ہو:

وہ جاگنا مری خاک بدن میں نغموں کا
کسی کی انگلیوں کا نَے نواز ہو جانا
سکوت شب تم آواز کا شیشہ گرا دینا
فضا سنسان کمرے کی نداسی ہوتی جاتی ہے

محبت کا اثر شاعر کی خاک کو بھی نغمہ زن کر دیتا ہے۔ دوسرے شعر میں شاعر رات کے سکوت میں محبوب کی آواز سننے کو بے چین ہو جاتا ہے۔ اسے یقین ہے کہ رات کے پُر شور سناٹے سے صرف محبوب کی کھنکتی ہوئی آواز نجات دلا سکتی ہے۔ دوسری قابل غور بات یہ ہے کہ شاعر نے محبوب کی آواز کو 'شیشے کے گرنے' سے تشبیہ دی ہے جو ہمارے علم میں اردو شاعری میں نادر تشبیہ ہے۔ عرفان صدیقی کے عشق کی اگلی منزل 'دیدار' ہے۔

ایک ستارہ ادا نے یہ کیا کر دیا
میری مٹی کو مجھ سے جدا کر دیا
ان دنوں پاؤں میرے زمیں پر نہیں

اب مری منزلیں آسمانوں میں ہیں
اس نے کیا دیکھا کہ ہر صحرا چمن لگنے لگا
کتنا اچھا اپنا من، اپنا بدن لگنے لگا
ہم کہاں کے یوسف ثانی تھے لیکن اس کا ہاتھ
ایک شب ہم کو بلائے پیرہن لگنے لگا
دیکھ لیتا ہے تو کھلتے چلے جاتے ہیں گلاب
میری مٹی کو خوش آثار کیا ہے اس نے

پہلے شعر میں شاعر اس 'ستارہ ادا' کے معجزوں کا معروف نظر آتا ہے۔ وہ حیرت میں ہے کہ یہ کیا ہوگیا ہے کہ اب میرے پاؤں زمین پر نہیں پڑتے۔ دوسرے شعر میں صحرا کے چمن معلوم ہونے میں یہ پہلو ہے کہ شاعر کو ابھی تک احساس ہی نہیں تھا کہ وہ کیا ہے اور کیا ہوسکتا ہے یعنی اسے اپنے وجود کے صحرا ہونے کا احساس نہیں تھا، محبت کی کرامت سے جب صحرا چمن میں تبدیل ہوتا ہے تو اسے اس کا احساس ہوتا ہے۔ شاعر کا من اور بدن جو خود فراموشی کے عالم میں تھے انھیں انتہائے حیرت کے ساتھ بیان کر رہا ہے۔ تیسرے شعر میں وہ خود کو یوسف ثانی کہتا ہے۔ ابھی تک کہ ہماری اردو غزل کا محبوب تشنہ خوں ظالم و جابر اور عاشق کو استخواں کا ڈھانچہ بنا دینے والا ہی نظر آتا تھا، مگر اس طرح کا محبوب ہمیں پہلی بار نظر آتا ہے جس کے عشق میں عاشق آباد ہو رہا ہے۔ چوتھے شعر میں شاعر محبوب کی کرم فرمائیوں کا اعتراف اس طرح کرتا ہے کہ اس کا بدن محض محبوب کے دیکھ لینے سے گل کش ہوا جارہا ہے۔ ذیل کے شعروں می عرفان صدیقی کا عشق باصرہ کی

حدوں سے نکل کر لامسہ کی سرحدوں میں بڑی آہستہ روی سے داخل ہوتا ہے۔
شعر ملاحظہ ہوں:

اس کی آنکھیں ہیں کہ اک ڈوبنے والا انساں
دوسرے ڈوبنے والے کو پکارے جیسے
مگر گرفت میں آتا نہیں بدن اس کا
خیال ڈھونڈتا رہتا ہے استعارہ کوئی
میرے وجود کا جنگل ہرا بھرا ہو جائے
وہ رات بھی آئے کہ اس کا بدن گھٹا ہو جائے
ہوا گلاب کو چھو کر گذرتی رہتی ہے
سو میں بھی اتنا گنہگار رہنا چاہتا ہوں

عرفان صدیقی کے عشق کی اس منزل تک بیشتر شعراء کی رسائی نہیں ہو سکی ہے اور اگر ہوئی بھی تو وہ اپنی بات کو اتنی آسانی اور صناعی سے نہ کہہ سکے۔ عرفان کے عشق کا اگلا مرحلہ وہ ہے جس میں وصال کے تجربات کو نغمگی ہے۔ ان اشعار پر غور کیجئے:

جسم کو جسم سے ملنے نہیں دیتی کمبخت
اب تکلف کی یہ دیوار گرا کر دیکھیں
ہم تو صحرا ہوئے جاتے تھے کہ اس نے آکر
شہر آباد کیا، نہر صبا جاری کی

ان اشعار میں شاعر نے تکلفات کی دیوار گرادی ہے۔ اب اسے اپنی تکمیل کا

احساس ہوتا ہے اور وہ کہتا ہے کہ محبوب نے 'شہر آباد کیا نہر صبا جاری کی'۔ چونکہ شاعر یہاں پہلے جسم کو صحرا کہتا ہے اور پھر اسی مناسبت سے بدلی ہوئی صورت حال میں شہر اور نہر صبا کا ذکر کرتا ہے اس کے باوجود شاعر کو محبوب کا جسم ابھی بھی پراسرار معلوم ہوتا ہے۔

جدید دور میں ہماری اردو شاعری میں نئے افق نمودار ہوئے ہیں۔ اب اس کے احاطہ اظہار میں بہت سارے قومی و بین الاقوامی مسائل ہیں۔ ان پیچیدہ اور المناک مسائل کو پیش کرنے کے لئے شعراء واقعات کربلا کے سانحے کی طرف گئے کیونکہ یہی وہ موزوں استعارہ تھا جو ان مسائل کی المناکی اور سنگینی کو زیادہ با معنی طریقے سے پیش کر سکتا تھا۔

عرفان صدیقی کی غزل میں واقعہ کربلا کا بیان دو طرح سے ہوا ہے۔ ایک طرف ان کے یہاں کھلی ہوئی علامتیں ہیں جن کے مفاہیم کو سمجھنے میں دیر نہیں لگتی ہے اور دوسرے نوع کے بیان میں ان علامتوں کے مفاہیم آسانی سے نہیں کھلتے۔ دونوں طرح کے بیانوں سے متعلق اشعار ملاحظہ ہوں :

یہ سرخ پھول سا کیا کھل رہا ہے نیزے پر
یہ کیا پرند ہے شاخ شجر پہ وارا ہوا
تم جو چاہو اسے تاریخ میں تحریر کرو
یہ تو نیزہ ہی سمجھتا ہے کہ سر میں کیا تھا
نوک سناں نے بیعت جاں کا کیا سوال
سر نے کہا قبول، نظر نے کہا نہیں

یہ کس نے دست بریدہ کی فصل بوئی تھی
تمام شہر میں نخل دعا نکل آئے

کوئی مشکیزہ سر نیزہ علم ہوتا ہے
دیکھیے دشت میں لگتا ہے شجر پانی کا

تری تیغ تو میری ہی فتح مندی کا اعلان ہے
یہ بازو نہ کٹتے اگر میرا مشکیزہ بھرتا نہیں

اس نوع کے اشعار کے تجزیے کی مطلق ضرورت نہیں کیونکہ ان کے معنی بالکل صاف ہیں۔ اب ان اشعار کو دیکھتے ہیں جو گہری مفاہیم کے حامل ہیں۔

آخری امید کا مہتاب جل بجھنے کے بعد
میرا سو جانا مرے دیوار و در کا جاگنا

اجنبی جان کے کیا نام و نشاں پوچھتے ہو
بھائی ہم بھی اسی بستی کے نکالے ہوئے ہیں

پانی پہ کس کے دست بریدہ کی مہر ہے
کس کے لئے یہ چشمہ کوثر لکھا ہوا

انقلاب، تقسیم اور ہجرت کے مسئلے کو ترقی پسندوں اور جدیدیوں نے اپنی اپنی آنکھ سے دیکھا اور اپنے اپنے بنائے ہوئے منظر پیش کئے۔ ترقی پسندوں نے ان مسائل کے بیان میں ساری قوت لہجے کو پرجوش بنانے میں صرف کر دی۔ اب بچے جدیدیے، انھوں نے سماجی مسائل سے یکسر منہ موڑ لیا تھا اور اپنے درون کے دکھ ہی کو اہم جانا تھا۔ مگر عرفان صدیقی نے بین بین راہ اختیار کی۔ تقسیم اور ہجرت کے

موضوعات سے متعلق ان کی شاعری میں زیادہ صداقت اور زیادہ اثر آفرینی ہے۔ دراصل ان مسائل و حوادث سے وہ براہ راست متاثر ہوئے تھے اسی لئے ان کے کلام میں احساس کی آنچ اتنی تیز ہے اور یہی آنچ عرفان صدیقی کی شاعری کو انفرادیت عطا کرتی ہے۔

آخر میں عرفان صدیقی کی غزل گوئی کے فن کے سلسلے میں صرف اتنا عرض کرنا ہے کہ انھوں نے کلاسیکی شاعری کا تتبع اس طور کیا ہے کہ ان کی شاعری میں حسن پیدا ہو گیا ہے۔ ایسی شاعری میں وہ بڑے شاعروں کے محض مقلد نظر نہیں آتے۔ اس ضمن میں انہوں نے بڑے پتے کی بات کہی ہے:

نقش پا ڈھونڈنے والوں پہ ہنسی آتی ہے
ہم نے ایسی تو کوئی راہ نکالی بھی نہیں

***